Das bietet Ihnen die CD-ROM

- Aufgaben und Lösungen
- Formulare, Materialien und Vorlagen
- Checklisten und Musterbriefe
- Multiple-Choice-Tests
- Karriereplaner

Standortbestimmung und Qualifikationsanalyse

Materialien: Tabelle zur Entwicklung der Fachkompetenz

Materialien: Tabelle zur Bestandsaufnahme der Fachkompetenz

Mulitple-Choice-Test: Wie steht es um Ihre Allgemeinbildung?

Checkliste: Analyse eines Soziogramms

Materialien: Formular Planung

Materialien: Formular Zeitplanung

Materialien: Formular Veränderungen

Materialien: Formular Methoden und Arbeitstechniken

Checkliste: Telefontraining

Checkliste: Gestaltung von Charts

Checkliste: Präsentation

Checkliste: Surfen im Internet

Materialien: Kompetenzliste

Was für eine Persönlichkeit sind Sie?

Checkliste: Kreativität

Materialien: Arbeitsblatt Selbsteinschätzung

Materialien: Arbeitsblatt Fremdeinschätzung

Ziele und Möglichkeiten

Materialien: Arbeitsblatt Ziele

Die weitere Entwicklung aktiv gestalten

Materialien: Aktionsplan zur Zielerreichung

Selbsttest zur Standortbestimmung

Der Blick nach außen: Assessment Center

Materialien: Beurteilungsbogen Gruppendiskussion

Überall, wo Sie das Icon sehen, finden Sie die Texte vollständig im DIN A4-Format auf der CD-ROM – direkt zum Übernehmen in Ihre Textverarbeitung.

CD-ROM

Bibliografische Information Der Deutschen Bibliothek

Die Deutsche Bibliothek verzeichnet diese Publikation in der Deutschen Nationalbibliografie; detaillierte bibliografische Daten sind im Internet über http://dnb.ddb.de abrufbar.

ISBN 3-448-06043-7 Bestell-Nr. 00297-0001

Redaktionsanschrift: Postfach 13 63, 82142 Planegg
Hausanschrift: Fraunhoferstraße 5, 82152 Planegg
Telefon (089) 8 95 17-0, Telefax (089) 8 95 17-2 50
Internet: http://haufe.de, E-Mail: erste-hilfe@haufe.de
Redaktion: Stephan Kilian, Torsten Herger

Umschlaggestaltung: Simone Kienle
Lektorat und DTP: Text+Design Jutta Cram, 86391 Stadtbergen
Druck: Bosch-Druck, Landshut-Ergolding

Doris Brenner
Frank Brenner

Karrierefaktor Self Assessment

Inhalt

Vorwort der DGfK Deutsche Gesellschaft für Karriereberatung e. V.

Das vorliegende Buch Self Assessment ist ein wichtiger Schritt, um Menschen bei ihrer persönlichen Standortbestimmung zu unterstützen. Diese realistische Einschätzung der eigenen Qualifikation und der sich daraus ergebenden Entwicklungsmöglichkeiten stellt die Grundlage für die weitere individuelle Karriereplanung dar.
Die DGfK Deutsche Gesellschaft für Karriereberatung e. V. (www.dgfk.org) hat sich zum Ziel gesetzt, Ansatzpunkte und Möglichkeiten der qualifizierten Beratung in diesem Prozess der individuellen Karriereplanung aufzuzeigen und zu einer Professionalisierung dieser Fachdisziplin beizutragen. Die Mitglieder der DGfK sind ambitionierte und erfahrene Berater, die das Thema Karriereberatung ständig weiterentwickeln und sich fachlich auf dem neuesten Stand halten.
Karriereberatung ist ein interaktiver Prozess. Er erfordert die aktive Beteiligung des Kunden und fördert das Bewusstsein für die eigene Verantwortung im Hinblick auf seine weitere berufliche Ausrichtung. In diesem Sinne stellt das Test & Trainingsprogramm Self Assessment eine sinnvolle Unterstützung des Beratungsprozesses dar. Wir freuen uns deshalb, dass mit diesem Buch und der CD-ROM den Ratsuchenden eine wertvolle Arbeitshilfe an die Hand gegeben wird. Praxisorientiert und unter Berücksichtigung der unterschiedlichen Aspekte, die bei der Standortbestimmung zu berücksichtigen sind, werden die Leser Schritt für Schritt begleitet. Die Übungen und Tests („Karrierefaktoren") sowie die im Anschluss vorgenommenen Analysen helfen, die eigenen Lösungsansätze und Antworten in einen größeren Kontext einzuordnen. Der sehr praxisorientierte und kurzweilige Stil des Buches macht Lust darauf, weiterzumachen und das eigene Verhalten zu reflektieren.
Deshalb sprechen wir als DGfK Deutsche Gesellschaft für Karriereberatung e. V. gerne eine Empfehlung für diese Publikation aus und wünschen uns, dass möglichst viele Menschen dieses Test & Trainingsprogramm als Grundlage für ihre weitere Karriereplanung nutzen.

Dr. Laurenz Andrzejewski, Gründungs- und Vorstandsmitglied
DGfK Deutsche Gesellschaft für Karriereberatung e. V.

Was Ihnen dieses Buch bietet

Sie wollen sich beruflich weiterentwickeln, mehr Verantwortung übernehmen oder neue Tätigkeitsfelder erschließen? Gut, dann liegen Sie mit diesem Test & Trainingsbuch goldrichtig! Mittels des Self Assessments erarbeiten Sie sich eine solide Ausgangsbasis, um Ihre weitere berufliche Ausrichtung zielgerichtet und erfolgreich in Angriff nehmen zu können. Nach dieser Standortbestimmung Ihrer Qualifikationen, Möglichkeiten und Ziele werden Sie ein wesentlich klareres Bild von sich selbst haben. Je genauer Sie sich kennen, je realistischer Ihre Vorstellungen sind, desto höher ist die Wahrscheinlichkeit, dass Sie das, was Sie anstreben, auch erreichen werden.
In meiner beruflichen Praxis als Karriereberaterin erlebe ich immer wieder mit Schrecken, wie wenig Menschen über sich selbst wissen und wie weit Selbst- und Fremdbild voneinander abweichen. Dies führt nicht nur im Berufsalltag, sondern in allen Lebensbereichen zu Enttäuschungen, Ärger und letztendlich auch zu einem Verlust an Selbstvertrauen.
Lernen Sie sich kennen. Gehen Sie auf eine spannende Entdeckungstour zu sich selbst und gönnen Sie sich den Luxus, Zeit in die Beschäftigung mit sich zu investieren – es lohnt sich!

- Wo sind meine Stärken?
- Auf welchen Gebieten habe ich schon überdurchschnittliche Leistungen gebracht?
- Wo will ich eigentlich hin?
- Wie kann ich das, was in mir steckt, am besten zur Geltung bringen?

Das alles sind Fragestellungen, die Sie im Laufe dieses Test & Trainingsprogramms für sich beantworten werden. Vieles, womit Sie sich früher vielleicht schon einmal beschäftigt haben, wird dabei wieder ins Bewusstsein kommen. Sie werden Ihr Verhalten und Ihre Einstellung mittels der Tests und Übungen reflektieren und dabei wichtige Erkenntnisse darüber gewinnen, was Ihnen wirklich wichtig ist und wohin die weitere Reise gehen soll. Wir wünschen Ihnen auf jeden Fall viel Spaß und Ihren persönlichen Sieg bei der Bestimmung Ihrer Startposition für Ihre weitere Karriereplanung.

Wie Sie mit diesem Buch umgehen

Das Ihnen vorliegende Test & Trainingsprogramm ist in unterschiedliche Themenbereiche gegliedert. Es hat sich in der Praxis bewährt, in jedem Fall zunächst den Einstiegstest zu machen, um die eigene Ausgangsbasis, von der aus Sie starten, zu dokumentieren. Für die meisten Menschen ist es am sinnvollsten, wenn sie damit beginnen, sich mit ihren Qualifikationen und ihrer Persönlichkeit zu beschäftigen. Aber auch der Einstieg über die Ziele ist möglich. Innerhalb der Kapitel können die einzelnen Übungen in beliebiger Reihenfolge durchgeführt werden. Starten Sie dort, wozu Sie am meisten Lust haben.

Arbeitstempo selbst bestimmen

Ihr Arbeitstempo bestimmen Sie selbst. Es gibt Menschen, die dieses Test & Trainingsprogramm innerhalb weniger Tage bearbeiten, für andere erstreckt sich der Prozess über mehrere Monate. Entscheidend ist, dass Sie das Gefühl haben, Schritt für Schritt voranzukommen und mehr über sich zu erfahren.

Wenn Ihnen eine Übung besonders schwer fallen sollte, beißen Sie sich nicht daran fest, sondern machen Sie mit einer anderen Übung weiter. Wenn Sie zu einem späteren Zeitpunkt wieder zu der ursprünglichen Übung zurückkommen, fällt sie Ihnen vielleicht leichter.

Entspannt und ausgeruht

Versuchen Sie, die Übungen dieses Self Assessments möglichst entspannt und ausgeruht zu machen. Suchen Sie sich einen Platz, an dem Sie ungestört sind und sich wohl fühlen. Ein gutes Glas Wein oder leise Musik können dabei nützlich sein.

Support-Teams

Eine große Hilfestellung kann auch die Durchführung des Self Assessment Test & Trainingsprogramms in kleinen Support-Teams sein. Indem Sie sich regelmäßig mit anderen Menschen treffen und sich über den bisherigen Verlauf Ihrer Standortbestimmung austauschen, erhalten Sie neue Anregungen und zusätzliche Motivation. So lassen sich Denkblockaden und kleine Durchhänger wesentlich besser überwinden und positive Erfahrungen von Gruppenmitgliedern spornen zusätzlich an.

Karriereplan Self Assessment für das Jahr ______ für ______

Test & Training

→ So nutzen Sie Ihren Karriereplaner:

Starten Sie zunächst damit, Ihre Ziele zu formulieren. Nur wer weiß, wohin er will, merkt es, wenn er angekommen ist.

Der Karriereplaner auf der mitgelieferten CD-ROM hilft Ihnen dabei, Ihre Ziele und die zur Erreichung notwendigen Schritte aufzuzeichnen.

Lassen Sie uns am Beispiel von Fabian Weber die Vorgehensweise etwas näher erläutern.

Fabian Weber ist Maschinenbauingenieur und als Entwicklungsingenieur bei einem Unternehmen der Automobilzulieferindustrie beschäftigt. Nachfolgend hat er seine Ziele formuliert und die aus seiner heutigen Sicht notwendigen Schritte fixiert:

Karriereziel 1:

→ Karriereziel „Wechsel in den techn. Verkauf als Vertriebsingenieur"

1. Erweiterung des technischen Erfahrungsspektrums
2. Aneignung von kaufmännischen Kenntnissen
3. ______
4. ______
5. ______
6. ______
7. ______
8. ______
9. ______
10. ______

Ihre Schritte zum Ziel

Karriereziel 2:

→ Karriereziel „Befristeter Auslandseinsatz von drei bis fünf Jahren"

1. Herausfinden der bevorzugten Länder
2. Kommunikation dieses Wunsches innerhalb des Unternehmens
3. Lernen der entsprechenden Fremdsprache
4. ______
5. ______
6. ______
7. ______
8. ______
9. ______
10. ______.

Ihre Schritte zum Ziel

Karriereziel 3:

→ ...

1. ______
2. ______
3. ______
4. ______
5. ______
6. ______
7. ______
8. ______
9. ______
10. ______

Ihre Schritte zum Ziel

Self Assessment zum Thema Standortbestimmung

Self Assessment, dieser neudeutsche Begriff, bedeutet wörtlich übersetzt Bewertung, Bestimmung, Einschätzung der eigenen Person. Sie wollen sich und Ihre Fähigkeiten besser kennen lernen. Als Einstieg in dieses Test & Trainingsprogramm geht es zunächst einmal darum zu erfahren, was Sie bereits über sich wissen und inwieweit Sie auf dem Weg der realistischen Standortbestimmung schon die ersten Schritte gegangen sind. Deshalb der nachfolgende Selbsttest.
Kreuzen Sie die Antworten an, die Ihrer persönlichen Einschätzung am nächsten kommen. Sie können den Test auch auf der beigefügten CD-ROM bearbeiten und erhalten dann automatisch eine Auswertung im Hinblick auf Ihre Ausgangsposition. Beantworten Sie dazu bitte die nachfolgenden Fragen:

Selbsttest: Was wissen Sie über sich?

CD-ROM

Was	ja	nein
1. Kennen Sie Ihre persönlichen Stärken im Vergleich zu anderen Menschen?		
a) Ja, ich kenne meine Stärken und kann mich im Vergleich zu anderen Menschen realistisch einschätzen.		
b) Ich kenne meine Stärken, bin mir aber nicht sicher, wie sie im Vergleich zu anderen Menschen zu bewerten sind.		
c) Ich bin mir meiner Stärken nicht so richtig bewusst.		
d) Ich glaube, ich habe keine besonderen Stärken im Vergleich zu anderen Menschen.		

2. Haben Sie in der Vergangenheit regelmäßig eine Bestandsaufnahme Ihrer beruflichen Situation vorgenommen? a) Ja, mindestens einmal im Jahr: b) Nicht regelmäßig, aber ab und zu. c) Ich habe mir schon einmal Gedanken darüber gemacht. d) Bisher habe ich das noch nicht gemacht.		
3. Haben Sie klare Ziele, wohin Ihre weitere berufliche Ausrichtung gehen soll? a) Ja, ich habe klare Vorstellungen und weiß, wie ich diese Ziele erreiche. b) Ich habe Fernziele, die ich erreichen möchte. c) Mir schwirren viele Dinge durch den Kopf, aber klare Ziele habe ich nicht definiert. d) Ich habe keine klare Vorstellung davon, wohin ich mich beruflich entwickeln möchte.		
4. Sind Sie sich Ihrer Qualifikation bewusst und können Sie sie nachvollziehbar belegen? a) Ich kenne meine Kompetenzen und kann sie belegen. b) Ich denke, ich weiß, was ich kann. Es fällt mir jedoch oft schwer, das auch anderen nachvollziehbar zu vermitteln. c) Ich bin oft unsicher, ob das, was ich kann, sich von anderen wirklich abhebt. d) Ich habe mir bisher nie richtig Gedanken über meine Qualifikationen gemacht und wüsste auch keine Beispiele für bestimmte Fähigkeiten.		
5. Bilden Sie sich regelmäßig in Ihrem Fachgebiet weiter? a) Ja, Weiterqualifizierung ist für mich eine zentrale Aufgabe, um auch zukünftig auf dem Arbeitsmarkt wettbewerbsfähig sein zu können. Hierzu investiere ich auch Freizeit und eigene finanzielle Mittel.		

b) Ich schaue mich schon um, was sich in meinem Fachgebiet so tut, und lese entsprechende Zeitschriften. c) Wenn mein Arbeitgeber Schulungsmaßnahmen anbietet, nutze ich diese. d) Ich habe eine gute Ausbildung, das müsste doch reichen.		
6. Kennen Sie alternative berufliche Möglichkeiten, die Sie mit Ihrer Qualifikation verwirklichen könnten? a) Ich habe einen guten Marktüberblick, informiere mich regelmäßig über neue Trends und Entwicklungen und weiß mich dort zu positionieren. b) Ich schaue schon mal rechts und links, um Alternativen für mich zu entdecken, allerdings nicht systematisch und regelmäßig. c) Ich interessiere mich sehr dafür, weiß aber nicht so recht, wie ich da vorgehen soll. d) Ich habe keine Vorstellung davon, was ich alternativ machen könnte.		
7. Kennen Sie Ihren aktuellen Marktwert? a) Ja, ich informiere mich regelmäßig und teste auch meinen Marktwert, indem ich mich auf andere Positionen bewerbe. b) Ich spreche öfters mal mit Kollegen und Freunden, was die so verdienen, um mir einen Überblick zu verschaffen. c) Wenn z. B. Gehaltsspiegel veröffentlicht sind, lese ich diese, ich gehe jedoch nicht proaktiv vor und versuche nicht, entsprechende Daten zu recherchieren. d) Nein, keine Ahnung.		

8. Wissen Sie, welche Faktoren Einfluss auf Ihre Motivation haben? a) Ich kenne die Einflussfaktoren und setze sie gezielt ein. b) Ich weiß, was mich anspornt und was mich eher runterzieht, allerdings kann ich diese Dinge nicht bewusst beeinflussen. c) Ich habe manchmal Probleme, mich selbst zu motivieren. d) Ich habe mir noch nie Gedanken darüber gemacht.		
9. Haben Sie eine klare Vorstellung davon, wie Sie von Ihrer Umwelt wahrgenommen und eingeschätzt werden? a) Ja, ich fordere gezielt Rückmeldungen ein, wie ich von anderen gesehen werde. Diese decken sich mit meiner Selbsteinschätzung zu einem sehr hohen Prozentsatz. b) Wenn ich von anderen Feedback bekomme, nehme ich das gerne auf und mache mir Gedanken dazu. c) Ich weiß die Rückmeldungen, die mir andere geben, nicht so richtig einzuordnen. d) Ich habe Angst, von anderen zu erfahren, was sie über mich denken.		
10. Wissen Sie, wodurch Sie sich am meisten entmutigen und einschüchtern lassen? a) Ich kenne diese Faktoren und habe in der Vergangenheit immer gezielt darauf hingearbeitet, sie zu umgehen. b) Ich weiß, was mich behindert, sehe aber keine Möglichkeit, Einfluss darauf zu nehmen. c) Ich habe bisher nicht erkennen können, wodurch ich mich besonders einschüchtern lasse. d) Darüber habe ich mir noch nie Gedanken gemacht.		

11. Sind Sie Veränderungen gegenüber aufgeschlossen? a) Ich sehe Veränderungen als Chance und gestalte sie bewusst mit. b) Man sollte den Fortschritt nicht aufhalten, also akzeptiere ich Veränderungen. c) Veränderungen verursachen bei mir Unsicherheit, ob ich dem Neuen gewachsen bin. d) Ich habe Angst vor Veränderungen und versuche, mich so wenig wie möglich mit Veränderungen zu beschäftigen.		
12. Haben Sie ein Netzwerk an Kontakten? a) Ich gehe gezielt auf Menschen zu, knüpfe Kontakte und pflege diese auch. b) Ich kenne eine Reihe von Leuten, habe aber keine Zeit, die Kontakte zu pflegen. c) Ich bin für Kontakte offen. d) Ich mache mir nicht viel aus Kontakten.		
13. Können Sie andere Menschen für Ihre Ideen begeistern? a) Ja, ich bekomme immer wieder entsprechende Rückmeldungen. b) Ich denke schon. c) Ich spiele mich nicht so gern in den Vordergrund. d) Ich weiß nicht.		
14. Sind Sie mit Ihrer bisherigen beruflichen Entwicklung zufrieden? a) Ja, ich habe in Bezug auf die von mir gesteckten Ziele schon viel erreicht. b) Ich denke, ich kann im Vergleich zu anderen ganz zufrieden sein. c) So richtig zufrieden bin ich nicht. d) Ich weiß nicht so recht, ob ich zufrieden sein soll.		

15. Achten Sie auf Ihr äußeres Erscheinungsbild? a) Ja, ich achte darauf, mich typgerecht und gepflegt zu kleiden. Ich weiß, was zu mir passt und meinen Typ positiv unterstreicht. b) Ich weiß, Kleider machen Leute, also spare ich nicht bei der Kleidung: c) Ich passe mich in der Kleidung an. d) Mein Erscheinungsbild ist mir nicht so wichtig, nicht die Hülle macht es.		
16. Haben Sie Menschen Ihres Vertrauens, zu denen Sie gehen können, wenn Sie Probleme haben? a) Ja, ich habe ein stabiles soziales Umfeld, das mich in schwierigen Situationen stützt und begleitet. b) Wenn ich Probleme habe, finde ich schon immer jemanden, bei dem ich meine Sorgen loswerden kann. c) Manchmal fühle ich mich schon etwas allein gelassen. d) Ich lebe sehr zurückgezogen und behalte meine Probleme für mich.		
17. Achten Sie auf Ihre Gesundheit und körperliche Fitness? a) Ich treibe regelmäßig Sport, achte auf gesunde Ernährung und unterziehe mich regelmäßig einem Gesundheitscheck. b) Ich vermeide Dinge, die meiner Gesundheit schaden. c) Ich habe keine Zeit, Sport zu treiben oder auf meine Gesundheit zu achten. d) Ich beschäftige mich bisher nicht damit.		

18. Haben Sie eine gute Balance zwischen Arbeits- und Privatleben? a) Ich habe einen guten Ausgleich zu meinem beruflichen Engagement. Meine Privatleben ist mir wichtig und ich kann in meiner Freizeit neue Kraft tanken. b) Ich versuche, neben dem Job auch private Belange unter einen Hut zu bekommen. c) Für Privates bleibt bei mir meistens keine Zeit. d) Ich habe mir darüber noch nie richtig Gedanken gemacht.		
19. Nehmen Sie bei Ihrer Karriereplanung professionelle Hilfe in Anspruch? a) Ich spreche regelmäßig mit Karriereberatern meine weitere Entwicklung durch, besuche Veranstaltungen und lese Bücher, die mich in meiner weiteren Planung unterstützen. b) Ich nehme Anregungen von Dritten auf, wenn sie mir geboten werden. c) Ich weiß nicht, wo ich solche Hilfe bekommen kann. d) Das mache ich alleine.		
20. Haben Sie Visionen und Träume? a) Große Ziele und Visionen sind ein wichtiger Motor für mich, um mein Potenzial voll auszuschöpfen. b) Ich habe schon ab und zu Träume, ob ich diese allerdings erreichen kann, bin ich mir nicht so sicher. c) Träume sind schön, aber für mich wohl unerreichbar. d) Nein, das ist mir alles zu weit weg.		

Auswertung

Nehmen Sie die Auswertung dieses Tests wie folgt vor:

- Für jede Antwort a) erhalten Sie 5 Punkte.
- Für jede Antwort b) erhalten Sie 3 Punkte.
- Für jede Antwort c) erhalten Sie 1 Punkt.
- Für jede Antwort d) erhalten Sie 0 Punkte.

80–100 Punkte

Ausgezeichnete Ausgangsbasis

Herzlichen Glückwunsch, Sie haben eine exzellente Ausgangsbasis, um Ihre weitere berufliche Entwicklung souverän in den Griff zu bekommen. Nutzen Sie dieses Test & Trainingsprogramm, um Ihre gesteckten Ziele noch zügiger zu erreichen. Sie werden viele Erfolgserlebnisse dabei haben.

60–79 Punkte

Gutes Selbstbild

Sie haben schon ein recht gutes Bild von sich, Ihren Fähigkeiten und Neigungen. Dieses Test & und Trainingsprogramm wird Ihnen helfen, Zusammenhänge noch klarer zu sehen und den Mut zu bekommen, Ihre weitere berufliche Entwicklung souverän in die Hand zu nehmen.

40–59 Punkte

Noch keine so klare Vorstellung

Vermutlich haben Sie dieses Test & Trainingsprogramm gekauft, weil Sie spüren, dass Sie noch keine so ganz klare Vorstellung davon haben, was eigentlich in Ihnen steckt und was Sie beruflich noch erreichen können. Mit jedem Kapitel erarbeiten Sie sich Schritt für Schritt ein Stück Ihrer Standortbestimmung und erhalten schließlich ein Gesamtbild über Ihre Qualifikation und Ihre weiteren beruflichen Möglichkeiten.

Unter 40 Punkte

Erster Schritt zur Standortbestimmung

Sie haben mit diesem Test & Trainingsprogramm eine exzellente Investition in Ihre Zukunft getätigt. Indem Sie diesen Einstiegstest durchgeführt haben, haben Sie bereits den ersten Schritt für eine Standortbestimmung getan. Nutzen Sie die Ihnen gebotene Chance, mehr über sich selbst zu erfahren und Ihrer beruflichen Entwicklung neue Impulse zu geben. Da Sie sich bisher sehr wenig mit diesen Dingen beschäftigt haben, ist das Veränderungspotenzial für Sie am größten. Viel Erfolg!

Standortbestimmung und Qualifikationsanalyse

So, jetzt kann es losgehen. Als Ausgangsbasis für Ihr Self Assessment bedarf es zunächst einer realistischen Standortbestimmung. Schließlich sollen Sie ja wissen, von wo aus Sie starten und wie die einzelnen Aspekte, die für Ihre weitere berufliche Entwicklung relevant sind, im Zusammenhang stehen.

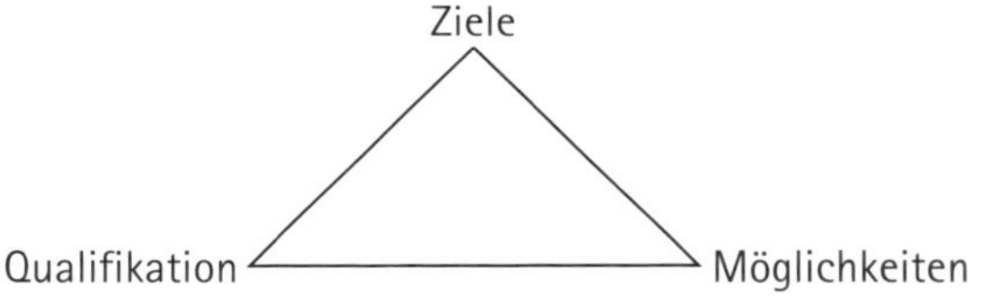

Die drei zentralen Bereiche, mit denen wir uns beschäftigen werden, sind:

- Ihre Qualifikation, Motivation und Persönlichkeit,
- Ihre Möglichkeiten und
- Ihre Ziele.

Alle drei Aspekte stehen im Zusammenhang miteinander.
Zunächst werden wir den Blick nach innen richten und Ihre Qualifikation, also Ihre Fähigkeiten und Kenntnisse, etwas näher unter die Lupe nehmen. Ein Aspekt wird auch die Beschäftigung mit Ihrer Persönlichkeit und Ihrer Motivation sein. Dann werden wir Ihre Ziele näher beleuchten und Möglichkeiten erarbeiten und analysieren, die sich für Sie ergeben können. Doch nun zunächst zu Ihrer Qualifikation.
Wenn ich Menschen nach ihrer Qualifikation befrage, fällt es vielen schwer, spontan auf den Punkt zu bringen, was sie können. Die meisten gehen dann auf fachliche Aspekte ein, nennen Abschlüsse und mit Scheinen dokumentierbare Kenntnisse. Qualifikation ist jedoch wesentlich mehr und Sie sollten diesen Begriff viel weiter gefasst verstehen.

Definition: berufliche Qualifikation

Ihre berufliche Qualifikation ist die Gesamtheit dessen, was Sie einem Arbeitgeber zu bieten haben und wofür er bereit ist, Geld zu bezahlen.

Um Ihnen die Bestandsaufnahme leichter zu machen, werden wir diesen weitreichenden Begriff der Qualifikation zunächst einmal in verdaubare Häppchen aufteilen und dann Schritt für Schritt abarbeiten.

Wie steht es um Ihre Fachkompetenz?

Wissen und Kenntnisse

Fachliche Kompetenz ist der Bereich Ihrer Qualifikation, den Sie sicherlich am leichtesten beschreiben können. Wer Fachkompetenz besitzt, kennt sich in seinem Fachgebiet aus. Fachkompetenz ist damit sehr eng mit Wissen und Kenntnissen verbunden. Einen großen Teil dieser Fachkompetenz haben Sie sich über Schule, Ausbildung, Studium und berufliche Weiterbildung erarbeitet. Aber Sie sind sicherlich auch auf Gebieten fachlich fit, die Sie (noch) nicht beruflich nutzen. Auch diese Bereiche stellen fachliche Kompetenz dar und sind im Hinblick auf eine mögliche Neuausrichtung Ihrer beruflichen Aktivitäten mit in die Bestandsaufnahme zu integrieren. Einen wichtigen Teil Ihrer Fachkompetenz bildet auch die Erfahrung, die Sie in verschiedenen beruflichen Feldern sammeln konnten.
Fangen wir zunächst mit den Bereichen der Fachkompetenz an, die direkt mit Ihrer bisherigen beruflichen Entwicklung zu tun haben.

Fallbeispiel: Die fachlichen Kompetenzen des Andreas Jäger

Andreas Jäger hat sich einmal hingesetzt und das, was er an fachlichen Kompetenzen in Bezug auf seine bisherigen Tätigkeiten zu bieten hat, zusammengetragen.

Fachgebiet	erworben bei	Beleg	Zeitraum
BWL	Studium	Diplom	1995–2000
Kfz-Ersatzteil- verkauf	Berufstätigkeit	Arbeitszeugnis	2000–2002
Absatzmarkt China	Berufstätigkeit Diplomarbeit	Arbeitszeugnis Diplomarbeit	2000–2002 2000
Mandarin	Sprachkurs	Zertifikat	2002
Vertragsrecht	Berufstätigkeit	Arbeitsproben	2000–2002
Export- bestimmungen	Berufstätigkeit	Prüfung	2001
Verkaufs- förderung	Praktikum	Praktikums- zeugnis	1999
Customer Service	Mithilfe im elterlichen Betrieb	Konzeptpapier	1996–1998

Karrierefaktor 1: Gewinnen Sie Klarheit über Ihre fachlichen Kompetenzen

Jetzt sind Sie dran. Schreiben Sie Ihre fachlichen Kompetenzen, die Sie bezogen auf ihre bisherigen beruflichen Tätigkeiten vorzuweisen haben, entsprechend der nachfolgenden Systematik auf:

Fachgebiet	erworben bei	Beleg	Zeitraum

Lösung

Karrierefaktor 1: So gewinnen Sie Klarheit über Ihre fachlichen Kompetenzen

Wie lang ist Ihre Liste geworden? Haben Sie auch Kompetenzen berücksichtigt, die Sie sich während der Schule, über private Kontakte oder berufsbegleitend erworben haben?

Fachwissen hat den großen Vorteil, dass es im Verhältnis zu anderen Kompetenzen sehr einfach zu belegen ist. Zeugnisse, Zertifikate, Arbeitszeugnisse oder Arbeitsproben können Sie hier anführen.

Wie aktuell ist Ihr Wissen?

Fachwissen hat aber auch den großen Nachteil, dass es sehr schnell veraltet und damit nur noch bedingt wertvoll ist, wenn die Entwicklung rasant weitergezogen ist. Denken wir hier nur an die IT-Branche. Es ist noch kein Jahrzehnt her, da haben wir noch auf der DOS-Ebene gearbeitet. Wer dort stehen geblieben ist und von Windows-Oberflächen noch nichts gehört hat, dessen Wagen ist wohl irgendwann von der Lokomotive abgekoppelt worden. Sich auf den Standpunkt zu stellen: „Ich habe ja mein Diplom, das reicht, um meine fachliche Kompetenz zu belegen, darauf kann ich in meinem weiteren Berufsleben jederzeit zurückgreifen", wird größere Probleme mit sich bringen.

Denken Sie deshalb über die einzelnen Kenntnisse, die Sie aufgeführt haben, nochmals nach:

- Wie sicher fühlen Sie sich auf den jeweiligen Gebieten?
- Wie lange liegt der Erwerb der Kenntnisse schon zurück?
- Haben Sie die damals erworbenen Kenntnisse kontinuierlich aufgefrischt?
- Sind Sie mit Ihren Kenntnissen auf dem aktuellen Stand der Technik?
- Sind z. B. einmal erworbene Fremdsprachenkenntnisse so präsent, dass Sie sich spontan in der jeweiligen Sprache verständlich machen können?
- Können Sie auch eine kontinuierliche praktische Umsetzung der erworbenen Kenntnisse nachweisen?
- Sind Ihnen einschlägige neuere Fachbegriffe aus Ihrem Fachgebiet präsent?

- Kennen Sie die namhaftesten Experten, die auf diesem Fachgebiet publizieren, bzw. neueste gesetzliche Regelungen und Vorschriften?
- Wie würden Sie Ihre Kenntnisse auf der Skala von 1 bis 6 (1 entspricht absolutem Expertenwissen, 6 entspricht reinem Anwenderwisssen bzw. geringen Kenntnissen) einstufen?

Das Fachwissen in Worte fassen

Wer Experte ist, sollte zu seinem Fachthema etwas sagen können. Hatten Sie in der Vergangenheit schon öfters die Gelegenheit, zu einem Ihrer Fachgebiete zu referieren? Häufig ergibt sich auch die Notwendigkeit, etwas aus dem Stegreif zu erzählen, beispielsweise bei informellen Treffen auf Tagungen oder Seminaren auf die Frage beim Kaffee: Womit beschäftigen Sie sich denn?
Stellen Sie sich vor, ein Praktikant soll die nächsten drei Monate in Ihrem Bereich mitarbeiten. Er besitzt theoretische Kenntnisse aus dem Studium, ist aber mit den speziellen Fragestellungen, die Sie in Ihrem Arbeitsgebiet beschäftigen, nicht vertraut. Sie sollen ihm einen ersten Überblick über Ihr Arbeitsgebiet geben.

Karrierefaktor 2: Kommunizieren Sie Ihr Fachwissen

30 Min.

Halten Sie für den Praktikanten über Ihr Arbeitsgebiet einen Vortrag von zehn Minuten und benutzen Sie zur Präsentation Medien wie Papier, Charts und Anschauungsobjekte, sprich alles, was aus Ihrer Sicht zur Veranschaulichung beiträgt.

Karrierefaktor 2: So kommunizieren Sie Ihr Fachwissen

Na, wie hat es geklappt?
Für Sie als Experte besteht die erste große Herausforderung darin, sich in den Praktikanten hineinzuversetzen. Er kennt viele Fachbegriffe, Abkürzungen und Zusammenhänge nicht, die für Sie ganz selbstverständlich sind. Deshalb fällt es häufig so schwer, einem Laien die Grundlagen anschaulich zu vermitteln.

Einfach und verständlich

Bemühen Sie sich daher ganz besonders, eine verständliche, einfache Sprache zu benutzen. Gerade im Rahmen von Bewerbungsprozessen stelle ich immer wieder fest, dass Bewerber ihre Zuhörer aus der Personalabteilung fachlich völlig überfordern. Lernen Sie, fachliche Zusammenhänge so einfach wie möglich darzustellen, auch wenn Sie befürchten, dass nicht alle spezifischen Einzelheiten sachlich richtig „rüberkommen". Besser, Ihr Zuhörer versteht den groben Zusammenhang und die wesentlichen Aspekte, als dass Sie sich in feinen Details verlieren und das große Bild vollkommen fehlt. Nachfolgend einige Tipps hierzu:

- Verwenden Sie kurze Sätze.
- Vermeiden Sie viele Fremdwörter.
- Stellen Sie zunächst den Rahmen dar, innerhalb dessen Sie sich bewegen und wo Ihr Fachthema einzuordnen ist.
- Heben Sie zentrale Punkte hervor.
- Wiederholen Sie wichtige Aspekte.
- Fassen Sie am Ende nochmals zusammen.
- Setzen Sie zur Veranschaulichung Medien ein (ein Bild sagt mehr als tausend Worte, noch besser sind Demonstrationsobjekte).
- Bereiten Sie ein kurzes Handout vor, das die wesentlichen Inhalte dessen, was Sie vermitteln möchten, zusammenfasst.
- Bieten Sie die Möglichkeit, Fragen zu stellen.

Welche Erfolge haben Sie vorzuweisen?

Ihre Fachkompetenz können Sie am besten dadurch unter Beweis stellen, dass Sie entsprechende Erfolge aufzeigen. Dazu gehört sicherlich, eine abgeschlossene Ausbildung vorweisen zu können. Noch wichtiger als der Nachweis rein theoretischer Kenntnisse ist jedoch die Fähigkeit, das erworbene Wissen auch in der Praxis umzusetzen, sprich eine Aufgabenstellung erfolgreich zu bearbeiten und das Ziel zu erreichen. Dies ist natürlich einfacher, wenn Sie über eine längere Berufserfahrung verfügen und sich im Laufe der Zeit viele Gelegenheiten zum Erfolg geboten haben. Doch auch wenn Sie noch am Anfang Ihrer beruflichen Laufbahn stehen, gibt es meist genügend Ansatzpunkte.

Jeder Erfolg zählt

Sonja Rehbein hat Jura studiert und ihr Erstes und Zweites Staatsexamen mit Erfolg abgelegt. Während des Referendariats hat sie verschiedene Stationen durchlaufen und unterschiedliche Aufgaben selbstständig bearbeitet. Jetzt möchte sie sich um eine Einstiegsstelle bewerben und überlegt, wie sie ihre im Studium erworbene Fachkompetenz durch erste Erfolge belegen kann:

Sie war beispielsweise bei einem Fachanwalt für Arbeitsrecht und hat dort nach entsprechender Einarbeitung eigenständig Gespräche mit Mandanten geführt und Klageschriften erstellt.

Privat ist sie in ihrem Heimatort in der evangelischen Kirche engagiert. Die Kirchengemeinde betreut in einer kleinen Projektgruppe auch Menschen, die politisches Asyl beantragen. Sonja Rehbein hat ehrenamtlich eine Familie dabei unterstützt, den Asylantrag zu stellen und diesen gegenüber dem Verwaltungsgericht auch erfolgreich durchzusetzen.

Karrierefaktor 3: Belegen Sie Ihre Fachkompetenz

Versuchen Sie nun selbst, Beispiele zusammenzustellen, die Ihre Fachkompetenz belegen können.

Lösung

Karrierefaktor 3: So belegen Sie Ihre Fachkompetenz

Haben Sie eine Liste an Beispielen zusammenbekommen, mit denen Sie Ihre Erfolge belegen können? Haben Sie dabei auch an private oder ehrenamtliche Aktivitäten gedacht? Das Beispiel von Sonja Rehbein zeigt, dass es sehr wohl möglich ist, auch ohne klassische Berufserfahrung aus einer festen Stelle fachliche Kompetenz zu belegen.
Wenn Sie Erfolge nachvollziehbar beschreiben möchten, kann Ihnen die nachfolgende Methode dabei helfen:

- Beschreiben Sie zunächst die Ausgangssituation bzw. die Problemstellung (S = Situation).
- Erläutern Sie dann, was Sie gemacht haben, sprich Ihr Verhalten in der Situation (V = Verhalten).
- Schildern Sie schließlich, zu welchem Ergebnis Ihr Verhalten geführt hat (E = Ergebnis).

Geschlossenes Dreieck

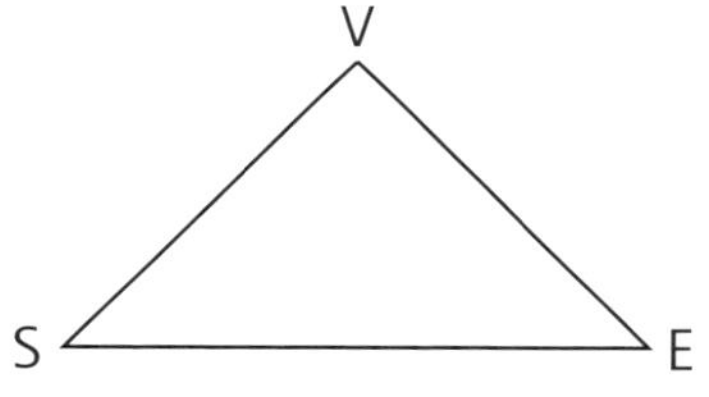

Wenn es Ihnen gelingt, Beispiele zu finden, die Sie nach diesem Muster aufbauen können und deren Ergebnis positiv ist, so spricht man von einem „geschlossenen Dreieck“, d. h. das Beispiel kann als Beleg für einen Erfolg herangezogen werden.

Interview-Technik

Übrigens: Diese Technik setzen viele Personalleute auch bei Einstellinterviews ein, wenn sie von Ihnen mehr über bisherige Erfahrungen und Leistungen wissen möchten. Diese so genannte „Interview-Technik“ wird dann immer mit den Worten: „Schildern Sie mir doch bitte eine Situation, in der Sie … bewiesen haben“ eingeleitet. Anstelle der Punkte lassen sich alle möglichen Kompetenzen einsetzen, die für den Interviewer von Interesse sind.

Ihr Ziel sollte es also sein, eine Liste mit Beispielen zusammenzustellen, die Ihre bisher erzielten beruflichen Erfolge belegen.

Fachkompetenzen verändern sich

Jürgen Wolters ist Techniker in einer mittelständischen Firma. Nach seinem Abschluss als Industrieelektroniker hat er zunächst zwei Jahre in einem größeren Betrieb gearbeitet und dann die Technikerschule besucht. Vor vier Jahren wechselte er zu seinem jetzigen Arbeitgeber. Jürgen Wolters hat sich gut in sein Arbeitsgebiet eingearbeitet und ist im Betrieb als kompetenter Fachmann anerkannt. Er hat jedoch manchmal das Gefühl, irgendwie nicht so recht weiterzukommen, als ob er sich auf der Stelle bewege und nichts Neues dazulerne.

Nach einem Gespräch mit einem früheren Kollegen aus der Technikerschule, der von seiner beruflichen Entwicklung und den zahlreichen Weiterqualifizierungen erzählt, werden Wolters Bedenken noch größer. Am Abend setzt er sich hin und macht eine Bestandsaufnahme seiner fachlichen Kenntnisse und Fähigkeiten der letzen vier Jahre. Dabei überlegt er sich:

- *Welche Kenntnisse und Fähigkeiten habe ich mir neu erworben?*
- *Welche Kenntnisse und Fähigkeiten liegen brach, nutze ich also nicht?*
- *Welche Erfahrungen konnte ich sammeln?*
- *Welche fachlichen Defizite sehe ich bei mir im Hinblick auf neue Entwicklungen in meinem Fachgebiet?*
- *Wie beurteile ich meine Fachkompetenz im Vergleich zu vor vier Jahren?*

Karrierefaktor 4: Schildern Sie, wie sich Ihre Fachkompetenz entwickelt hat

Versuchen Sie nun, in Anlehnung an die fünf Fragestellungen von Jürgen Wolters die Entwicklung Ihrer eigenen Fachkompetenz aufzuschreiben und zu bewerten.

Lösung

Karrierefaktor 4: So schildern Sie, wie sich Ihre Fachkompetenz entwickelt hat

„Lernen ist wie Schwimmen gegen den Strom, wer damit aufhört, treibt zurück.“ Diese alte japanische Weisheit gilt in unserer heutigen schnelllebigen Zeit mehr denn je.

Und, zu welcher Bilanz sind sie gekommen? Haben Sie sich in den letzten Jahren weiterentwickeln und Ihre Fähigkeiten ausbauen können? Oder mussten Sie eher einen Abwärtstrend erkennen?

Einen guten Überblick erhalten Sie, wenn Sie Ihre Ergebnisse in eine Tabelle wie die folgende eintragen:

CD-ROM

Neu erworbene Kenntnisse	Nicht genutzte Kenntnisse	Gesammelte Erfahrungen	Defizite	Vergleich zu vor vier Jahren

Halbwertszeit des Wissens

Gerade in der IT-Branche oder in technischen Disziplinen ist die „Halbwertszeit des Wissens“ immer kürzer, das heißt, Ihr Wissen veraltet immer schneller.

Natürlich ist es bequemer, sich auf die einmal erworbenen Kenntnisse und Fähigkeiten zu verlassen und darauf zu bauen, dass sie schon ausreichen werden. Diese Strategie wird jedoch in der Zukunft nicht überlebensfähig sein. Selbst wenn die Kenntnisse bei Ihrem derzeitigen Arbeitgeber auf dem jetzigen Arbeitsplatz ausreichen mögen, sollten Sie sich bewusst sein, dass Arbeitsplätze heute nicht mehr für ein Berufsleben sicher sind.

Flexibilisierung der Arbeitswelt

Wie oft haben Ihr Vater oder Ihre Mutter den Arbeitgeber gewechselt? Nie? Einmal? Zweimal? Gehen Sie davon aus, dass Sie in Ihrem Berufleben noch einige Stellenwechsel vor sich haben. Ein durchschnittlicher Amerikaner wechselt in seinem Berufsleben elfmal den Arbeitgeber. Aufgrund der Globalisierung und erhöhten Wettbewerbssituation werden wir auch in Deutschland zu einer stärkeren Flexibilisierung der Arbeitswelt kommen und das bedeutet für den Einzelnen, sich auch beruflich zu verändern. Ihre Chancen auf dem Arbeitsmarkt sind umso besser, je mehr Ihre fachlichen Fähigkeiten und Erfahrungen den aktuellen Anforderungen entsprechen. Denn Arbeitgeber stellen am liebsten Mitarbeiter ein, die schon die Kenntnisse mitbringen, die sie in dem neuen Job brauchen.

Welche Entwicklungen im Fachbereich sind zu erwarten?

In der letzten Übung haben wir uns bereits mit dem Thema Lernen beschäftigt. Lassen Sie uns noch einen Schritt weiter gehen und verstärkt in die Zukunft blicken. Es geht darum, sich Gedanken zu machen, wohin die Reise in Ihrem Fachbereich in den nächsten Jahren gehen wird. Beantworten Sie zunächst folgende Fragen:

- Lesen Sie regelmäßig Fachzeitschriften?
- Tauschen Sie sich mit anderen Fachleuten in Arbeitskreisen, auf Tagungen und Kongressen über neue Entwicklungen aus?
- Kennen Sie „Best Practices", also Beispiele aus der Praxis, die in Ihrem Fachgebiet Spitzenleistungen oder innovative Konzepte darstellen?
- Haben Sie einen Überblick, welche Technologien und Verfahren in Ihrem Fachgebiet neu eingesetzt werden bzw. an Bedeutung gewinnen?

Karrierefaktor 5: Erkennen Sie zukünftige Entwicklungen in Ihrem Fachgebiet

Training

Bitte notieren Sie die wichtigsten Entwicklungen, die sich Ihrer Meinung nach in der Zukunft in Ihrem Fachgebiet etablieren und direkten Einfluss auf Ihre Arbeit haben werden.

Lösung

Karrierefaktor 5: So erkennen Sie zukünftige Entwicklungen in Ihrem Fachgebiet

Neue Trends und Entwicklungen rechtzeitig erkennen zu können stellt eine wichtige Fähigkeit in unserer von schnellen Veränderungen geprägten Arbeitswelt dar. „Nicht die Großen fressen die Kleinen, sondern die Schnellen fressen die Langsamen" – dieser Spruch macht dies gut deutlich. Um „vorne" mitspielen zu können, ist es notwendig, sich mit diesen Veränderungen zu beschäftigen.

Neue Technologien, wissenschaftliche Erkenntnisse, Untersuchungen und Befragungen sowie verändertes Verbraucherverhalten bestimmen maßgeblich die zukünftigen Anforderungen. Wenn Sie in Ihrem Fachbereich, in Ihrer Branche „marktfähig" sein wollen, gilt es, diese Entwicklungen aufzugreifen. Passen Sie Ihre Kenntnisse und Fähigkeiten kontinuierlich an und treffen Sie Entscheidungen unter Berücksichtigung neuester Erkenntnisse. „Das haben wir schon immer so gemacht" als alleinige Begründung für das Handeln reicht nicht aus. Eine gesunde Mischung aus Erfahrung und Innovation ist gefragt.

Sind Sie mit Ihren Antworten zu den vier oben gestellten Fragen zufrieden? Wenn nein, sollten Sie diese Übung als Anregung nutzen, sich mehr für Innovationen und Veränderungen zu öffnen, um sich mit den neuesten Entwicklungen intensiver zu beschäftigen.

Welche Fachkompetenzen haben Sie sonst noch zu bieten?

Wir haben uns bisher schwerpunktmäßig mit Kompetenzen beschäftigt, die in Ihrem bisherigen beruflichen Umfeld eingebettet sind. Im Hinblick auf Ihre Möglichkeiten, sich beruflich neu auszurichten, ist es sinnvoll, auch über fachliche Kenntnisse und Fähigkeiten zu sprechen, die Sie zwar besitzen, aber beruflich bisher nicht nutzen.

Schauen Sie sich zunächst beispielhaft die Aufstellung von Torsten Peile an, in der er seine Fachkompetenzen auf den unterschiedlichen Interessengebieten zusammengestellt hat:

Fachgebiet	Kenntnisse	Niveau
Luftfahrt	Flugzeuge erkennen	Alle zivilen Flugzeugmuster können identifiziert werden.
Internetprogrammierung	HTML	Homepages können selbstständig erstellt werden, mittleres Niveau.
Volleyball	Spielregeln kennen, praktische Erfahrung als Aktiver in der Mannschaft	Bezirksliga
Naturheilkunde	Pflanzliche Substanzen und ihre Wirkung kennen	Interessierter Laie mit mehreren Kursen in der VHS

Karrierefaktor 6: Machen Sie sich Ihre nichtberuflichen Fachkompetenzen klar

Machen Sie eine schriftliche Bestandsaufnahme Ihrer Fachkompetenzen. Die obige Tabelle mit den Beispielen kann Ihnen dabei helfen.

Fachgebiet	Kenntnisse	Niveau

Karrierefaktor 6: So machen Sie sich Ihre nichtberuflichen Fachkompetenzen klar

Na, wie viele Fachgebiete haben Sie aufgeschrieben? Zehn? Fünfzehn? Ich bin mir ganz sicher, dass Sie auf mehr Gebieten Kenntnisse haben, mit denen Sie sich von anderen Menschen positiv abheben können. Denken Sie an Hobbys, Kurse, Dinge, die Sie durch Ihre Eltern, Geschwister, Freunde oder Lebenspartner gelernt haben. Aber auch spezifische Landeskenntnisse, die man sich auf Reisen angeeignet hat, zählen hierzu.

Diese Sammlung werden Sie sicherlich nicht im ersten Anlauf vollständig erstellen. Ergänzen Sie die Liste, sobald Ihnen weitere Gebiete einfallen oder Sie sich in neuen Feldern Kenntnisse angeeignet haben. Sie soll leben und kontinuierlich wachsen.

Karrierefaktor 7: Wie steht es um Ihre Allgemeinbildung?

Wenn wir über Wissen und Fachkompetenz sprechen, sollten wir einen Aspekt nicht außer Acht lassen: die Allgemeinbildung. Neben speziellen fachlichen Schwerpunkten hilft eine breit angelegte, fundierte Allgemeinbildung, aktiv am gesellschaftlichen Leben teilhaben zu können. Ob beruflich oder privat, es ist wichtig, mitreden zu können und nicht zum Schweigen verurteilt zu sein, nur weil man von den Themen der anderen nichts weiß.

Damit Sie testen können, wie es um Ihre Allgemeinbildung bestellt ist, haben wir Ihnen auf der beigefügten CD-ROM einige Fragen aus acht Themenfeldern zusammengestellt. Hier drei Beispiele:

Staat/Geschichte/Politik

Was versteht man unter Föderalismus?

a) Subventionspolitik

b) Eigenständigkeit der Einzelstaaten innerhalb eines Bundesstaats

c) Chancengleichkeit nach dem Grundgesetz

d) Demokratisches Grundprinzip

Geografie

Welche der folgenden Städte liegt nicht in Nordrhein-Westfalen?

a) Krefeld

b) Köln

c) Kassel

d) Aachen

Technik/Wissenschaft

Was ist eine Vanity-Nummer?

a) Geheime Telefonnummer, die nicht über die Auskunft erfragt werden kann

b) Codenummern für das Internetbanking

c) Prüfzahl in einer Programmiersprache

d) Telefonnummer, die aufgrund der zugeordneten Buchstaben auf der Tastatur ein Wort ergibt

Haben Sie den Test auf CD durchgeführt? Wie sind Sie mit Ihren Ergebnissen zufrieden? Hier übrigens die Auflösungen zu den drei Beispielfragen:

- Staat/Geschichte: b)
- Geografie: c)
- Technik/Wissenschaft: d)

Sicherlich können die Fragen keinen Anspruch erheben, ein absoluter Gradmesser Ihrer Allgemeinbildung zu sein. Sie bekommen jedoch eine Einschätzung, ob Sie sich in den unterschiedlichen Wissensgebieten sicher fühlen oder darin weniger zu Hause sind. Je mehr Verantwortung Sie anstreben, desto größeres Gewicht gewinnt die Allgemeinbildung, da sie hilft, Zusammenhänge zu verstehen und komplexe Themen im richtigen Kontext zu sehen. Wer also nicht zum „Fachidioten" abgestempelt werden möchte, sollte auch für seine Allgemeinbildung etwas tun. Hierfür gibt es zahlreiche Möglichkeiten: die Quizshows im Fernsehen, Bücher oder Gesellschaftsspiele und natürlich die Lektüre von Tageszeitungen. Es kann durchaus Spaß machen, sein Allgemeinwissen auszubauen und damit auch mehr Sicherheit im „Smalltalk" zu bekommen.

Das sollten Sie in diesem Kapitel erreicht haben

Wenn Sie alle bisherigen Aufgaben bearbeitet haben, sollten Sie nun eine klare Vorstellung davon haben, welche fachlichen Kenntnisse Sie besitzen, wo mögliche Defizite sind und welche Maßnahmen sinnvoll wären, um Ihre Fachkompetenz weiter auszubauen bzw. auf den neuesten Stand zu bringen. Sie sollten aus dem Stegreif einen kurzen Vortrag über Ihre Fachgebiete halten können und die wichtigsten Entwicklungen und Trends auf diesen Gebieten kennen. Sie haben konkrete Beispiele parat, mit denen Sie Ihre bisherigen fachlichen Erfolge gegenüber Dritten belegen können. Schließlich ist Ihnen bewusst, welche weiteren Fachkenntnisse Sie besitzen, die Sie aber bisher nicht beruflich nutzen, sich aber möglicherweise zukünftig zunutze machen können.

Welche sozialen Kompetenzen besitzen Sie?

Die fachliche Kompetenz, mit der wir uns im ersten Kapitel beschäftigt haben, ist sehr konkret fassbar und in der Regel auch einfach zu belegen. Wenn wir nun Ihre soziale Kompetenz näher unter die Lupe nehmen, wird das schon etwas komplexer. Sie denken vielleicht, soziale Kompetenz, das ist wieder so ein Schlagwort, unter dem sich nichts konkret Messbares verbirgt. Mit den nachfolgenden Tests und Übungen werden Sie jedoch Schritt für Schritt ein besseres Bild von sich in diesem Kompetenzbereich bekommen.
Zunächst sollten wir einmal definieren, was wir unter sozialer Kompetenz verstehen.

Definition: soziale Kompetenz

Soziale Kompetenz ist die Fähigkeit, situationsgerecht mit unterschiedlichen Menschen umgehen zu können.

Es geht also bei der sozialen Kompetenz um Verhaltensweisen und den Umgang mit unterschiedlichen Situationen und Menschen. Damit fallen all die Eigenschaften wie Teamfähigkeit, Durchsetzungsvermögen, Führungsstärke, Kompromissbereitschaft, Kritikfähigkeit, Einfühlungsvermögen oder die Fähigkeit, integrierend zu wirken, in diesen Bereich. Entscheidend ist, das richtige Gespür zu besitzen, um einschätzen zu können, welche Verhaltensweise gerade passend, sprich: Erfolg versprechend im Hinblick auf die von Ihnen verfolgten Ziele ist.

Breites Spektrum an Verhaltensweisen

Um sich situationsgerecht verhalten zu können, bedarf es der Beherrschung eines möglichst breiten Spektrums an Verhaltensweisen. Wenn beispielsweise Gefahr für Leib und Leben droht, nützt es nichts, kooperativ die Bedürfnisse und Befindlichkeiten eines jeden zu berücksichtigen. Hier muss schnell entschieden werden, ohne Wenn und Aber. Sie kenen aber auch sicherlich genügend Situationen, in denen es von entscheidender Bedeutung ist, die Belange aller Beteiligten zu berücksichtigen, um deren Unterstützung bei der Erreichung des eigenen Ziels zu erhalten. Je besser Sie die gesamte Klaviatur beherrschen, desto besser können Sie die jeweils passende auswählen und einsetzen. Lassen Sie uns mit ein paar Situationen in das Thema einsteigen.

Karrierefaktor 8: Verhalten Sie sich in unterschiedlichen Situationen angemessen

10 Min.

Kreuzen Sie bitte an, welche Verhaltensweise Sie in den nachfolgend geschilderten Situationen für die richtige halten.

Situation 1:

Sie sitzen im Kino und vor Ihnen hat eine Dame einen Hut auf, der Ihre Sicht stark behindert.

a) Sie setzen sich auf einen anderen Platz ganz am Rand der Kinoreihe, von dem aus Sie zwar einen schlechteren Blickwinkel haben, jedoch die Dame mit dem Hut Sie nicht mehr behindert.
b) Sie schieben der Dame den Hut vom Kopf und sagen, dass Sie sonst nichts sehen.
c) Sie machen gar nichts und nehmen die Behinderung in Kauf.
d) Sie sprechen die Dame an und bitten sie, den Hut abzunehmen, da Sie sonst nichts sehen.

Situation 2:

Sie stehen mit Ihrem Partner/Ihrer Partnerin vor dem verschlossenen Fahrzeug und können den Schlüssel nicht finden. Nach längerem Suchen stellen Sie fest, dass Sie den Autoschlüssel wohl verloren haben. Ihr Partner/Ihre Partnerin macht Ihnen große Vorwürfe: „Du mit deiner ewigen Unachtsamkeit, wie sollen wir jetzt nach Hause kommen?"

a) „Ach, es tut mir so Leid, immer mache ich Fehler!"
b) „Da kann ich doch auch nichts dafür, dass der Schlüssel jetzt weg ist!"
c) „Ja, das ist ärgerlich, aber streiten nützt uns jetzt auch nichts. Lass uns gemeinsam überlegen, wie wir eine Lösung finden."
d) „Schuld bist doch eigentlich du, mit deiner blöden Trödelei bin ich ganz nervös geworden."

Situation 3:

Sie werden wegen erhöhter Geschwindigkeit von der Polizei gestoppt. Der Polizist sagt: „Sie sind 20 Stundenkilometer zu schnell gefahren."

a) „Es ist doch nichts passiert, wozu die Aufregung?"

b) „Dauernd passieren Überfälle und Morde und Sie haben nichts Besseres zu tun, als hier die Geschwindigkeit zu kontrollieren!"

c) „Das kann gar nicht sein, mein Tacho hat genau 50 Stundenkilometer angezeigt. Ihr Radargerät misst falsch!"

d) „Tut mir Leid, es war nicht meine Absicht, die Geschwindigkeitsbegrenzung zu überschreiten."

Situation 4:

Sie haben für 99 Euro einen Receiver für Satellitenprogramme gekauft. Nach der Montage stellen Sie fest, dass der Receiver nicht funktioniert, und bringen das Gerät zurück. Der Verkäufer stellt in der Tat fest, dass das Gerät defekt ist, und schlägt vor, dass Sie den Receiver gegen ein Ersatzgerät der gleichen Marke tauschen. Als Sie zu Hause ankommen und den neuen Receiver montieren wollen, funktioniert auch dieser nicht.

a) Es ist Ihnen peinlich wieder in den Laden zu gehen, um das Gerät erneut zu tauschen. Sie gehen in einen anderen Laden, kaufen ein anderes Gerät und schenken das nicht funktionierende Gerät einem Freund, von dem Sie wissen, dass er gerne bastelt.

b) Sie gehen nochmals in den Laden und lassen den Receiver gegen ein anderes Gerät der gleichen Marke tauschen.

c) Sie gehen wieder in den Laden, bestehen aber darauf, Ihr Geld zurückzubekommen und kaufen woanders ein anderes Gerät.

d) Sie gehen wieder in den Laden und tauschen das Gerät gegen ein Modell eines anderen Herstellers, nachdem der Verkäufer sich zunächst weigert, das Gerät zurückzunehmen und Ihnen den Betrag auszuzahlen.

Situation 5:

Sie telefonieren während der Arbeitszeit mit einem Freund und unterhalten sich über die Sportergebnisse vom Wochenende. Plötzlich sehen Sie Ihren Chef auf sich zukommen.

a) Sie beenden das Telefonat so schnell wie möglich, beginnen wieder mit der Arbeit und fragen, ob Sie etwas für Ihren Chef tun können.

b) Sie tun so, als ob sie Ihren Chef gar nicht bemerkt hätten, und telefonieren weiter.

c) Sie versuchen, den Chef in das Gespräch einzubeziehen, indem Sie zu ihm sagen: „Herr Weber gibt mir gerade die Umsätze des letzten Monats durch. Das wird Sie sicher interessieren."

d) Sie entschuldigen sich bei Ihrem Chef: „Zu Hause komme ich kaum zum Telefonieren, da blockieren immer die Kinder die Leitung."

Lösung

Karrierefaktor 8: So verhalten Sie sich in unterschiedlichen Situationen angemessen

Situation 1:

Vorschlag d) Es ist schon etwas rücksichtslos oder zumindest gedankenlos, im Kino einen solchen Hut zu tragen. Es ist deshalb durchaus berechtigt, die Dame darauf anzusprechen und sie zu bitten, den Hut abzunehmen. Ihr den Hut vom Kopf zu schieben ist sicherlich nicht verhältnismäßig und provoziert eine Eskalation des Konflikts. Lösungsvorschlag d) wäre hier angemessen.

Situation 2:

Vorschlag c) Sie haben ein gemeinsames Problem. Indem Sie auf den Vorwurf mit einem Gegenvorwurf reagieren, schaukelt sich der Konflikt nur noch hoch. Auch große Selbstvorwürfe oder das Zurückweisen der Schuld bringen in dieser Situation nichts. Deshalb ist es am besten, sachlich nach einer Lösung zu suchen. Mit Lösungsvorschlag c) liegen Sie hier richtig.

Situation 3:

Vorschlag d) Den Polizisten verbal anzugreifen oder so tun, als ob nichts gewesen wäre, ist in der Situation nicht angebracht. Sie haben einen Fehler gemacht und sollten dazu stehen. Lösungsvorschlag d) ist also die Reaktion der Wahl.

Situation 4:

Sie sind zu Recht verärgert. Nachdem Sie bereits das zweite Mal Probleme mit dem Gerät hatten, sollten Sie darauf bestehen, das Geld zurück zu bekommen. Entscheiden Sie sich für Lösungsvorschlag c). Vorschlag c)

Situation 5:

Eine unangenehme Situation. Da Sie nicht wissen, wie lange der Chef Ihr privates Gespräch schon mitbekommen hat, wäre es unklug, so zu tun, als ob Sie geschäftlich telefonieren. Weiterzutelefonieren, als ob nichts wäre, provoziert Ihren Chef. Am besten ist es, so schnell wie möglich das Telefonat zu beenden, also Lösungsvorschlag a). Vorschlag a)

Können Sie die sozialen Beziehungen in Ihrem Umfeld einschätzen?

Wir sind Mitglied in einer Vielzahl sozialer Gruppen: die Familie, der Freundeskreis, der Sportverein, die Hausgemeinschaft. Natürlich stellt auch das berufliche Umfeld, in dem wir uns bewegen, eine soziale Gruppe dar. In jeder Gruppe nehmen wir eine bestimmte Rolle ein, die unser Verhalten stark beeinflusst. Unser „sozialer Status“ ist aber auch mit Verhaltenserwartungen verbunden, die andere Menschen uns gegenüber haben. Um sich in diesem Umfeld souverän bewegen zu können, sollten Sie die sozialen Beziehungen innerhalb der Gruppen kennen.

Fallbeispiel: Die sozialen Beziehungen des Jürgen Wolters

Jürgen Wolters ist 36 Jahre alt, verheiratet und hat zwei Töchter im Alter von 14 und zwölf Jahren. Er und seine Familie wohnen in einer Doppelhaushälfte. Seit dem Tod seines Vaters lebt seine verwitwete Mutter in der kleinen Einliegerwohnung bei ihnen.

Beruflich ist Jürgen Wolters als Versicherungskaufmann in der Vertragsabteilung einer großen Lebensversicherung tätig. Er hat drei Kollegen in seinem direkten Arbeitsumfeld, die ebenfalls Sachbearbeiter sind. Die Gruppe besteht ferner aus einer Teamassistentin, die sowohl für Jürgen Wolters' Vorgesetzten tätig ist als auch für ihn und seine Kollegen. Jürgen Wolters überlegt sich, wie die sozialen Beziehungen innerhalb seiner Familie und in seinem beruflichen Umfeld aussehen:

Privates Umfeld

Mit seiner Frau hat er im Allgemeinen eine sehr harmonische Beziehung. Es gibt nur immer wieder Diskussionen bezüglich seiner Mutter, die sich zu stark in die Haushaltsführung seiner Frau einmischen möchte. Das Verhältnis zwischen seiner Frau und seiner Mutter ist insgesamt sehr angespannt und durch Rivalität geprägt. Jürgen Wolters muss hier häufig schlichten. Die ältere Tochter steckt gerade in der Pubertät und ist Jürgen Wolters gegenüber sehr ablehnend. Lediglich seine Frau und die jüngere Schwester haben einen guten Draht zu ihr. Zwischen der Oma und der älteren Tochter gibt es immer wieder unschöne Szenen, da die beiden von ihren Vorstellungen her in völlig unterschiedlichen Welten leben. Die jüngere Tochter kommt mit der Oma dagegen blendend aus und hat auch ein sehr enges Verhältnis zu ihrem Vater.

Jürgen Wolters versucht nun, die bestehenden Beziehungen grafisch in einem so genannten Soziogramm darzustellen (s. S. 43).

Berufliches Umfeld

Mit dem Kollegen Thomas Schmitt verbindet Jürgen Wolters eine mehrjährige vertrauensvolle Zusammenarbeit. Kollege Sven Huber ist eine junge Führungsnachwuchskraft, die ehrgeizig ist und die jetzige Tätigkeit nur als Sprungbrett für eine höherwertige Aufgabe sieht. Eine kollegiale Zusammenarbeit besteht nicht, Huber versucht sich sehr stark beim gemeinsamen Vorgesetzten zu profilieren. Der Kollege Bernd Wieland ist erst vor kurzem in die Abteilung gekommen, da in seinem bisherigen Bereich ein Personalabbau stattfand. Er ist bisher im Bereich nicht integriert, hat Konflikte mit dem Chef, man spürt eine Abneigung im Verhältnis mit der Teamassistentin und er schottet sich gegenüber den Kollegen ab. Das Verhältnis zwi-

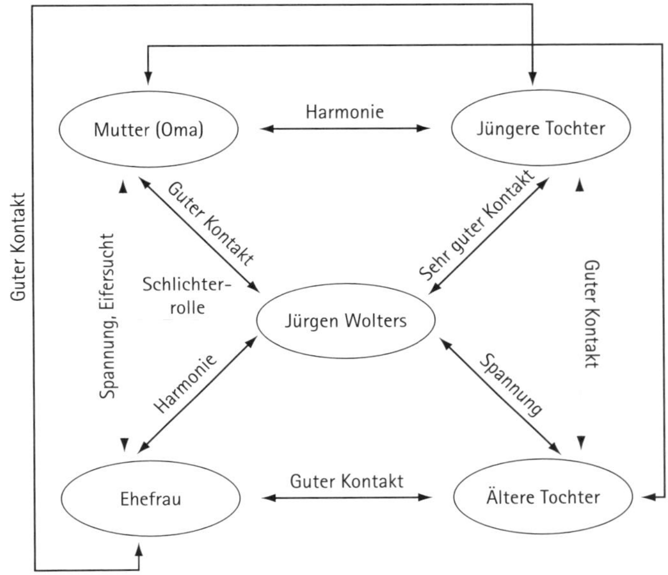

Soziogramm privates Umfeld

schen dem Chef und Jürgen Wolters ist gut, auch wenn der Chef zunehmend den jungen Huber in wichtige Entscheidungen einbezieht, die er früher mit Jürgen Wolters diskutiert hat. Zwischen Thomas Schmitt und dem Chef gibt es immer wieder Spannungen. Die Teamassistentin Sandra Müller fokussiert sich stark auf den Chef, das heißt, sie arbeitet nur widerwillig an den Aufgaben, die sie von den Sachbearbeitern bekommt. Nur für Thomas Schmitt hat sie jederzeit ein offenes Ohr. Der Chef ist mit Sandra Müller sehr zufrieden.

Karrierefaktor 9: Erstellen Sie ein Soziogramm

Versuchen Sie nun mal selbst das Soziogramm des beruflichen Beziehungsumfelds von Jürgen Wolters grafisch darzustellen.

Training

xx Min.

Lösung

Karrierefaktor 9: So erstellen Sie ein Soziogramm

Sieht das Soziogramm etwa wie folgt aus?

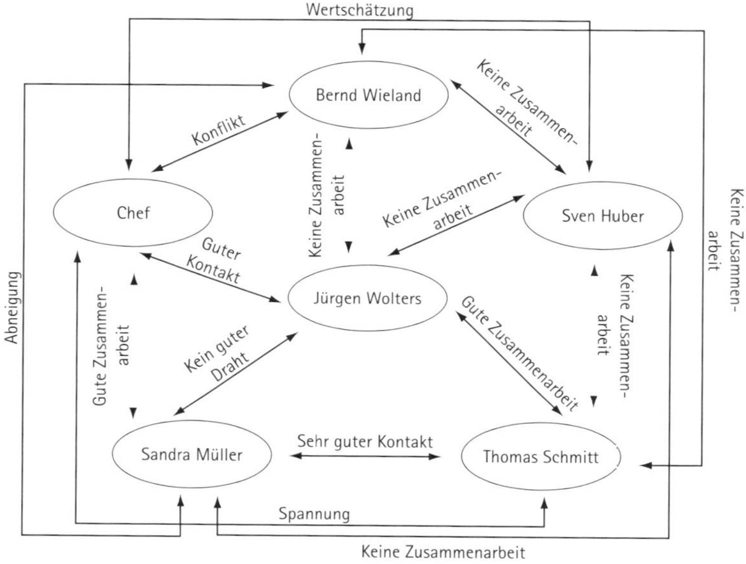

Ihre eigenen Soziogramme

Versuchen Sie nun, Ihre eigenen Soziogramme zu erstellen. Beginnen Sie am besten mit einer sozialen Gruppe, die Ihnen besonders einfach und überschaubar erscheint, um dann weitere Gruppen zu beleuchten, die komplexer sind. Wenn Sie dieses Training vorwiegend machen, um sich beruflich weiterzuentwickeln, sollten Sie auf jeden Fall ein Soziogramm Ihrer beruflichen Situation erstellen.

Die Metaebene einnehmen

Sind Ihnen beim Zusammenstellen einige Dinge bewusst geworden, die Sie bisher noch nie so betrachtet haben? Das Soziogramm kann Ihnen helfen, sich in Ihrem Umfeld klarer zu sehen. Die Psychologen nennen das „die Metaebene einnehmen“, d. h. Sie betrachten sich und Ihr Umfeld quasi aus der Vogelperspektive. Sie können diese Übung noch ausweiten, indem Sie die Beziehungen nicht nur auf einem Blatt Papier darstellen, sondern mit Figuren, die die einzelnen Menschen symbolisieren, Situationen aufbauen. Je nachdem, in welchem

Abstand die Figuren zueinander stehen, können Sie so Nähe oder Distanz im Beziehungsverhältnis ausdrücken.
Nachfolgend einige Fragen, die Sie sich bei der Analyse des Soziogramms stellen sollten:

Checkliste: Analyse des Soziogramms

	ja	nein
Nehme ich in unterschiedlichen Gruppen/Beziehungen immer wieder eine vergleichbare Rolle ein – der Macher, der Schlichter? Oder stehe ich immer eher abseits?		
Welche Faktoren/Verhaltensweisen haben dazu geführt, dass das Soziogramm so aussieht?		
Möchte ich an einzelnen Beziehungen etwas ändern?		
Welche Möglichkeiten habe ich, um eine Beziehungsänderung zu erreichen?		
Wie sehen die Schritte konkret aus, die ich ergreifen möchte?		

CD-ROM

Wie steht es um Ihre Teamfähigkeit?

Wenn über soziale Kompetenz gesprochen wird, kommt den meisten Menschen zunächst der Begriff Teamfähigkeit in den Sinn. In nahezu jeder Stellenausschreibung wird dieses Anforderungskriterium genannt.

Karrierefaktor 10: Belegen Sie Ihre Teamfähigkeit mit Beispielen

Training

Beschreiben Sie mindestens drei Beispiele, mit denen Sie Ihre Teamfähigkeit belegen können.

Lösung

Karrierefaktor 10: So belegen Sie Ihre Teamfähigkeit mit Beispielen

Damit Sie ein klareres Bild über Ihre Teamfähigkeit erhalten, sollten Sie die nachfolgenden Fragen für sich beantworten:

- Arbeiten Sie gerne in Gruppen?
- Was gefällt Ihnen an der Arbeit im Team?
- Gibt es eine bestimmte Rolle, die Sie immer wieder innerhalb von Teams einnehmen (Teamleiter, Projektmitglied, Außenseiter)?
- Worin sehen Sie die Risiken der Teamarbeit?
- Haben Sie Beispiele, mit denen Sie erfolgreiche Teamarbeit belegen können?

Geschlossenes Dreieck

Wir haben uns beim Karrierefaktor 3 schon einmal mit konkreten Beispielen als Nachweis für eine Qualifikation beschäftigt. Erinnern Sie sich an die Methode der geschlossenen Dreiecke? Nun gilt es wiederum, solche Beispiele zu finden, die eine Situation (S), Ihr Verhalten in der Situation (V) und schließlich ein Ergebnis (E) beinhalten.

Haben Sie drei Beispiele gefunden? Betrachten Sie Ihr Verhalten und das Ergebnis der Beispiele nochmals kritisch. Wie haben Sie sich verhalten? Haben Sie jeweils versucht, sich anzupassen und nur ja jedem Konflikt aus dem Wege zu gehen? War das Ergebnis ein Rückzug, nur um den Frieden zu wahren?

Eine junge, promovierte Germanistin beschrieb einmal Teamfähigkeit wie folgt: Ich bin teamfähig, weil ich eigenständig denke!

Fähigkeiten und Kenntnisse zum Nutzen der Gruppe einbringen

Diese Aussage steht auf den ersten Blick im Widerspruch zur landläufigen Vorstellung von Teamfähigkeit. Wenn wir jedoch etwas näher hinschauen, wird klar, dass Teamfähigkeit auch heißt, innerhalb einer Gruppe neue Akzente zu setzen, Ideen einzubringen, die die Gruppe der Zielerreichung näher bringen, auch wenn sie zunächst auf Widerstand oder Unverständnis stoßen. So gesehen ist derjenige teamfähig, dem es gelingt, seine Fähigkeiten und Kenntnisse zum Nutzen der Gruppe einzubringen, damit alle gemeinsam das gesteckte Ziel erreichen. Da gibt es schon auch Konflikte und Meinungsverschiedenheiten. Entscheidend ist jedoch, dass die Teammitglieder positiv mit diesen Konflikten umgehen können und im fairen Miteinander nach der besten Lösung streben.

Denkweisen verstehen und kommunizieren

Gerade in interdisziplinären Teams, bei denen Menschen mit unterschiedlichem Fachwissen zusammentreffen, gilt es, die Denkweise des anderen zu verstehen und seine Argumente so vorzutragen, dass auch die anderen sie verstehen können. Das ist nicht immer einfach. Schauen Sie sich doch einmal Kaufleute und Techniker an oder kreative Entwickler und bodenständige Leute aus der Produktion. Sie alle denken in anderen Strukturen und sprechen eine andere Sprache, obwohl sie sich auf Deutsch unterhalten.

Teamfähigkeit setzt genau hier an: indem Sie sich in andere hineinversetzen und versuchen, in deren Sprache Dinge anschaulich zu machen, damit sie verstanden werden. Nur wer sein Fachgebiet beherrscht und gleichzeitig die Akzeptanz der Gruppe findet, sodass diese auch die Sachargumente aufgreift, ist ein wichtiges Mitglied für das Team und wird auf Dauer dort bestehen können. Fachwissen alleine nützt wenig, wenn die anderen nur die Augen verdrehen und sich denken: „Ach, der wieder mit seinen ständigen Bedenken! Am besten laden wir ihn zur nächsten Teambesprechung erst gar nicht mehr ein.“ Zur Teamfähigkeit bedarf es des richtigen Fingerspitzengefühls und auch des notwendigen Standvermögens, um Konflikte so zu lösen, dass das Team danach gestärkt hervor geht.

Teamfähigkeit ist also mehr als nur das Fähnchen in den Wind halten. Sehen Sie sich Ihre Beispiele nochmals an. Haben Sie gute Beispiele für Teamfähigkeit?

Haben Sie das Zeug zu einer guten Führungskraft?

Für viele Menschen ist beruflicher Erfolg sehr stark damit verbunden, Mitarbeiterverantwortung zu besitzen, also Führungskraft zu sein. Dabei spielt der soziale Status „Ich bin der Chef!“ eine wichtige Rolle. Wer Führungskraft ist, hat Verantwortung, kann Macht ausüben und sagen, wo es lang geht. An einer Führungsaufgabe reizt aber auch viele die Möglichkeit, eigene Ideen durch eine Zahl von Mitarbeitern schneller realisiert zu bekommen. Was kennzeichnet die Rolle einer Führungskraft?

Kennzeichen einer Führungskraft

- **Verantwortung für einen breiten Aufgabenbereich**
  Es reicht nicht mehr aus, ein spezielles Fachgebiet zu beherrschen. Eine Führungskraft ist für einen Bereich zuständig, bei dem sie in den einzelnen fachlichen Details nicht mehr drinstecken kann.
- **Sandwich-Position zwischen dem eigenen Chef und den Mitarbeitern**
  Eine Führungskraft steht von zwei Seiten unter Druck: dem eigenen Chef mit dessen Erwartungen und Zielvorgaben und den Mitarbeitern, die ebenfalls Erwartungen an ihren Chef haben.
- **Verantwortung für Mitarbeiter**
  Der Arbeitsschwerpunkt rückt von einer Sachorientierung hin zu einer Personenorientierung, da Führung und Motivation der Mitarbeiter als zentrale Aufgabe in den Mittelpunkt rücken.

Die Tatsache, dass Sie als Fachkraft in Ihrem Bereich erfolgreich sind, bedeutet noch lange nicht, dass Sie auch die Anforderungen, die an einen Vorgesetzten gestellt werden, automatisch erfüllen. Soziale Kompetenz, wie wir sie bereits zu Beginn dieses Kapitels definiert haben, stellt dabei einen wichtigen Aspekt dar. Schließlich gilt es, sehr eng mit Mitarbeitern zusammenzuarbeiten, sie zu motivieren und ein Betriebsklima zu schaffen, das die Basis für eine hohe Leistungsbereitschaft bietet. Als Führungskraft wird man nicht geboren, vieles kann man lernen, wie bei anderen Kompetenzen auch. Dennoch ist es nicht jedermanns Sache, einer Abteilung vorzustehen und eine Mannschaft zu führen. Nachfolgend finden Sie zehn Eigenschaften, die für Führungskräfte besonders wichtig sind:

Zehn wichtige Eigenschaften für Führungskräfte

Persönliche Autorität

1. Persönliche Autorität: Sie strahlen Souveränität und Sicherheit aus. Sie werden von anderen respektiert und können sich in unterschiedlichen Situationen zurechtfinden.

Durchsetzungsstärke

2. Durchsetzungsstärke: Es gelingt Ihnen, Ihre Ziele auch gegen Widerstände umzusetzen. Sie können andere überzeugen und sind in der Lage, Ihre Ideen klar zu vertreten.

Einfühlungsvermögen

3. Einfühlungsvermögen: Sie können sich in Ihre Gesprächspartner hineinversetzen und Situationen aus unterschiedlichen Blickwinkeln betrachten.

Innovationswille

4. Innovationswille: Sie streben Veränderungen an, um Verbesserungen erreichen zu können. Es gelingt Ihnen, anderen Menschen die Notwendigkeit von Veränderungsprozessen nahe zu bringen.

Vertrauen

5. Vertrauen: Sie besitzen die Fähigkeit, anderen Menschen Vertrauen entgegenzubringen und ihnen damit Mut zu machen, neue Wege zu gehen. Andere Menschen können sich auf Sie verlassen.

Verantwortungsbereitschaft

6. Verantwortungsbereitschaft: Sie stehen zu Ihren Entscheidungen und weichen nicht zurück, wenn Schwierigkeiten auftreten.

Motivationsfähigkeit

7. Motivationsfähigkeit: Es gelingt Ihnen, Menschen zu begeistern und Ihre Visionen anderen nahe zu bringen.

Delegationsfähigkeit

8. Delegationsfähigkeit: Sie können Aufgaben und Verantwortung an andere übertragen. Sie räumen hierfür die entsprechenden Handlungsfreiräume ein.

Belastbarkeit

9. Belastbarkeit: Sie halten Druck aus und bewahren auch bei großen Arbeitsmengen und schwierigen Situationen einen kühlen Kopf.

Kommunikationsfähigkeit

10. Kommunikationsfähigkeit: Sie können klar ausdrücken, was Sie möchten, und beherrschen die Klaviatur der unterschiedlichen Verhaltensweisen.

Karrierefaktor 11: Beurteilen Sie Ihre Führungseigenschaften

Training

Wie sehen Sie diese Eigenschaften bei sich ausgeprägt?
1= sehr gering ausgeprägt, 6 = stark ausgeprägt

Lösung

Karrierefaktor 11: So beurteilen Sie Ihre Führungseigenschaften

Haben Sie sich in mehr als der Hälfte der Eigenschaften vier oder mehr Punkte gegeben? Dann sind das gute Voraussetzungen, um auch eine Führungsposition anzustreben. Ist es Ihnen schwer gefallen, die einzelnen Kriterien zu bewerten? Wenn ja, sollten Sie versuchen, sich ganz bewusst an Situationen aus der Vergangenheit zu erinnern.

Erinnern Sie sich an Situationen aus der Vergangenheit

- Wie haben Sie sich damals verhalten?
- Wie haben Sie sich dabei gefühlt?
- Welche Rückmeldungen haben Sie von anderen in dieser Situation bekommen?
- Haben Sie vielleicht im außerberuflichen Bereich bereits Führungserfahrung sammeln können? Als Trainer einer Mannschaft? Als Gruppenleiter in der Jugendarbeit? Als Bezirksleiter einer Partei? Als Klassensprecher in der Schule?
- Wie sind Sie mit diesen Rollen zurechtgekommen? Welche Erfahrungen haben Sie dabei gemacht?

Sofern bei Ihnen viele der genannten Kriterien nicht sehr hoch ausgeprägt sind, sollten Sie für sich zunächst überlegen, ob Sie eine Führungsaufgabe überhaupt anstreben.
Hierzu ein Beispiel:

Praxis-Beispiel

Keine Zeit mehr für Fachthemen

Angelika Wünsch, eine junge, hoch motivierte Mathematikerin, begann ihre berufliche Tätigkeit als Fachreferentin in einer Versicherung. Sie konnte in dieser Aufgabe Ihr Interesse für Mathematik und Statistik sehr gut einsetzen und war schnell zu einer Leistungsträgerin geworden. Bereits nach zwei Jahren bot man ihr eine Führungsaufgabe an.

Nach einem halben Jahr war Angelika Wünsch völlig am Boden. Im Gespräch mit ihrem Vorgesetzten wurde deutlich, worunter sie litt: „Als ich noch Referentin war, konnte ich mich intensiv mit Fragestellungen auseinander setzen, die mich fachlich interessierten. Jetzt bin ich 80 % meiner Zeit eigentlich nur damit beschäftigt, die großen und kleinen Probleme meiner Mitarbeiter zu diskutieren und organisatorische Aufgaben zu erledigen. Mir bleibt so gut wie keine Zeit, mich tiefer gehend mit Fachthemen zu beschäftigen, für die ich mich so interessiere."

Das Beispiel macht deutlich, dass es nicht jedermanns Sache ist, eine Führungslaufbahn einzuschlagen. Das heißt jedoch nicht, dass es keine alternativen Entwicklungsmöglichkeiten gibt.
War der Karrierebegriff in der Vergangenheit sehr stark mit der Führungslaufbahn verbunden, eröffnen sich heute ganz neue Karrieremuster, die dem Einzelnen eine Vielzahl von Möglichkeiten bieten. So gibt es neben der klassischen Führungslaufbahn immer häufiger die Fachlaufbahn, in der sich Experten parallel zu Linienvorgesetzten weiterentwickeln können. Auch die Übernahme von Projekt- oder Prozessverantwortung kann interessante Entwicklungsmöglichkeiten eröffnen.

Fachlaufbahn

Sofern Sie aber doch Mitarbeiterführung anstreben, ist es sicherlich sinnvoll, an der Weiterentwicklung der einzelnen Kriterien zu arbeiten.

- Hierzu bieten sich zum einen Seminare an. In den meisten Unternehmen werden für angehende Führungskräfte einschlägige Trainings angeboten, in denen das „Handwerkszeug" des Führens vermittelt und geübt wird. (Seminar)
- Eine andere Möglichkeit besteht darin, zunächst im Rahmen einer Vertretungsregelung Führungsverantwortung zu übernehmen. (Führungskraft vertreten)
- Eine gute Möglichkeit, Ihr Führungspotenzial auszutesten, besteht auch in der Übernahme einer Projektleitungsaufgabe. Hier sind Sie zwar nicht disziplinarischer Vorgesetzter, dennoch sind Sie fachlich weisungsberechtigt und müssen die Projektmitarbeiter innerhalb des Projekts führen. Schließlich sind Sie für die Erreichung des Projektziels verantwortlich. (Projektleitung)

Wie steht es um Ihr Führungsverhalten?

Sie haben in Ihrer bisherigen Berufstätigkeit sicherlich sehr unterschiedliche Cheftypen kennen gelernt. Dabei sind die in Karrierefaktor 10 beschriebenen Eigenschaften auch verschieden stark ausgeprägt, vielleicht dominieren auch einzelne Eigenschaften. Nachfolgend eine kleine Typologie von Chefs:

Kleine Typologie von Chefs

Der kooperative Chef
- Der kooperative Chef ist teamorientiert und führt vorwiegend mit Zielen. Er überträgt Verantwortung auch in die Hände der Mitarbeiter. Mitarbeiter haben hier sehr große Freiheiten, die sie aber im Hinblick auf die Zielerreichung auch ausfüllen müssen.

Der Diktator
- Der Diktator ist das genaue Gegenteil davon. Er will seine Ideen durchsetzen und gibt seinen Mitarbeitern klare Anweisungen. Die Freiräume und der Gestaltungsspielraum für eigene Ideen sind sehr gering. In der Regel ist der Diktator ein Egozentriker, der nur die Erreichung seines Ziels kennt. Die Mitarbeiter sind ihm eher egal.

Der Macher
- Der Macher möchte in alles involviert sein und den Themen seinen Stempel aufdrücken. Er liebt die ihm verliehene Macht und setzte sie mit allem Nachdruck zum Erreichen seiner Ziele ein. Er misst seine Mitarbeiter in der Regel an seinen eigenen, sehr hohen Zielen und ist für seinen Beruf rund um die Uhr im Einsatz.

Der Patriarch
- Der Patriarch hält wenig von Teamarbeit und gemeinsamer Verantwortung. Er ist überzeugt, dass seine Ansichten die richtigen sind und zum Erfolg führen. Er sorgt sich um das Wohl seiner Mitarbeiter, verfolgt aber seinen eigenen Weg und lässt sich auf diesem nicht kritisieren. Mitarbeiter bekommen nur wenig eigene Verantwortung, da Delegation für den Patriarchen ein Fremdwort ist.

Der Zauderer
- Der Zauderer ist unsicher, bisweilen skeptisch und zögerlich, wenn es darum geht, klare Entscheidungen zu treffen. Er hängt die Fahne oft in den Wind, seine Mitarbeiter können von ihm nur wenig Rückendeckung erwarten.

Die unterschiedlichen Cheftypen sind mit bestimmten Führungsstilen verbunden, die sich im Wesentlichen in zwei Gruppen teilen lassen: den kooperativen und den autoritären Führungsstil.

Kooperativer Führungsstil

In der Mehrzahl der Unternehmen wird ein eher kooperativer Führungsstil proklamiert, bei dem die Mitarbeiter über Zielvorgaben und Feedback geführt werden. Persönliche Handlungsfreiheiten und die Übertragung von Verantwortungsbereichen kennzeichnen diesen Stil. Der Vorgesetzte ist ein Coach, der seine Mitarbeiter berät und fördert.

Autoritärer oder direktiver Führungsstil

Beim autoritären oder direktiven Führungsstil sind die Vorgaben sehr eng gefasst. Die hierarchische Ausprägung ist stark, Mitarbeiter werden an einer kurzen Leine geführt. Dieser Führungsstil ist am häufigsten in einem konservativen Umfeld anzutreffen.

Nachfolgend ein Fallbeispiel, anhand dessen Sie Ihr Führungsverhalten näher beleuchten können.

Fallbeispiel

Ihr Mitarbeiter Herr Lang ist seit sechs Jahren im Unternehmen tätig. Er war immer sehr zuverlässig und engagiert. Seit einiger Zeit müssen Sie jedoch feststellen, dass er äußerst unkonzentriert ist und seine Arbeitsleistung deutlich zurückgeht. Er kommt morgens zu spät ins Büro, was Sie sich anhand der Zeiterfassung von der Personalabteilung haben bestätigen lassen. Sie haben das Thema bisher nicht mit ihm angesprochen, abgesehen von der Bemerkung, dass sie ihn morgens mehrfach nicht erreichen konnten. Sie sind mit seinem Leistungsverhalten sehr unzufrieden, zumal Sie wissen, dass er in der Vergangenheit ein sehr guter Mitarbeiter war. Aus diesem Grund möchten Sie mit ihm ein Gespräch führen.

Karrierefaktor 12: Kritische Gespräche mit Mitarbeitern führen können

15 Min.

Wie gehen Sie in das Gespräch? Beschreiben Sie Ihren Gesprächsansatz und Ihre Vorgehensweise.

Karrierefaktor 12: Kritische Gespräche mit Mitarbeitern führen können

Im Wesentlichen gibt es in dieser Situation zwei grundsätzliche Vorgehensweisen:

1. Sie eröffnen das Gespräch, indem Sie dem Mitarbeiter klar Ihre Unzufriedenheit zeigen. Sie machen ihm deutlich, dass Sie von ihm ein anderes Leistungsverhalten erwarten, und drohen Konsequenzen an. Diese Vorgehensweise entspricht einem direktiven, autoritären Führungsstil.
2. Sie versuchen zunächst, durch Fragen in Erfahrung zu bringen, worin die Ursachen für das veränderte Leistungsverhalten Ihres Mitarbeiters liegen. Ihr Ziel ist es, eine vertrauensvolle Gesprächssituation zu schaffen. Indem der Mitarbeiter die ursächlichen Probleme beschreibt, bietet sich die Möglichkeit, Lösungsansätze zu finden. Wichtig dabei ist, dass der Mitarbeiter selbst Vorschläge macht, wie das Problem in den Griff zu bekommen sein kann und in welcher Weise Sie ihn dabei unterstützen können. Am Ende des Gesprächs sollte eine klare Vereinbarung über das weitere Vorgehen stehen. Dieses Vorgehensweise entspricht einem eher kooperativen Führungsstil.

Rollenspiel

Versuchen Sie auch einmal, eine solche Situation mit einem Partner durchzuspielen. Lassen Sie sich eine Rückmeldung geben, wie Ihr Verhalten „angekommen“ ist. Aus diesem Feedback lassen sich wichtige Anhaltspunkte für Ihr zukünftiges Verhalten gewinnen.

Gelingt es Ihnen, andere Menschen zu überzeugen?

Um seine Ziele erreichen zu können, bedarf es der Fähigkeit, andere Menschen zu überzeugen und für die eigenen Ideen zu gewinnen. Besonders in vertriebsnahen Tätigkeiten ist diese Fähigkeit sehr gefragt. Eine wichtige Voraussetzung besteht darin, sich in andere Menschen hineinversetzen und auf deren Bedürfnisse eingehen zu können.

Um dies erfolgreich zu tun, bedarf es der Beschäftigung mit diesen Menschen. Der fachliche Hintergrund, das Alter, die Herkunft, die persönliche Interessenlage, der gesellschaftliche Status und die vertretenen Werte sind nur einige Aspekte hierzu. Je spezifischer Sie auf die Zielperson eingehen und die Argumentation an deren Bedürfnissen ausrichten, desto höher ist die Wahrscheinlichkeit, dass Sie diese Person gewinnen können.

Karrierefaktor 13: Informieren Sie sich über Ihren Kunden

Training

Sie sind Berater in einem Finanzdienstleistungsunternehmen, das alle Dienstleistungen im Bereich Versicherungen, Altersvorsorge sowie Geldanlage und Finanzierung bietet.

Welche Informationen sollten Sie über den Kunden in Erfahrung bringen, damit Sie wissen, in welche Richtung die Beratung gehen wird und welche Produkte für den Kunden passen könnten?

Lösung

Karrierefaktor 13: So informieren Sie sich über Ihren Kunden

Wer fragt, führt – dieser alte Grundsatz ist auch in dieser Situation durchaus hilfreich. Nur wenn es Ihnen gelingt, die Lebenssituation und die Bedürfnisse des Kunden in Erfahrung zu bringen, werden Sie Ihre Argumentation darauf ausrichten können und zum Verkaufserfolg kommen.
Es wäre deshalb wichtig, auf die nachfolgenden Fragen Antworten zu bekommen.

Fragen, die Sie stellen sollten

- Welche Vermögenswerte besitzt der Kunde?
- Wie sind seine Einkommensverhältnisse?
- Wie stellt sich die private Lebenssituation des Kunden dar?
- Hat der Kunde noch minderjährige Kinder?
- Wie sieht seine bisherige Anlagestrategie aus?
- Ist er eher sicherheitsorientiert oder risikofreudig?
- Wie sieht seine weitere Lebensplanung aus?
- Wie lange plant der Kunde noch im Berufsleben zu stehen?
- Gibt es bevorzugte Anlageformen für den Kunden?

Wissen kommunizieren

Fundiertes Wissen über die Bedürfnisse des Kunden reicht jedoch noch nicht aus. Es ist ferner notwendig, ihn durch eine überzeugende Argumentation zu gewinnen. Hierzu gehört zum einen ein solides Fachwissen. Nur wer sein Fachgebiet sicher beherrscht, hat das notwendige Rüstzeug, um argumentieren zu können. Hierüber haben wir im Kapitel Fachkompetenz bereits gesprochen. Im Rahmen der sozialen Kompetenz tritt nun die Frage in den Vordergrund, wie Sie dieses Wissen transportieren. Denn was nützt das beste Fachwissen, wenn es nicht gelingt, andere Menschen zu begeistern und zu überzeugen?
Um über Ihre diesbezüglichen Fähigkeiten mehr in Erfahrung zu bringen, sollten Sie wieder gedanklich in die Vergangenheit gehen. Überlegen Sie sich Situationen, in denen es Ihnen gelang, andere Menschen von etwas zu überzeugen. Hier ein paar Anregungen:

- Haben Sie Ihren Ehepartner für eine bestimmte Urlaubsreise begeistern können, die Sie gerne machen wollten?

- Konnten Sie Ihren Vorgesetzten für eine Projektidee begeistern?
- Können Sie auf Verkaufserfolge zurückblicken?

Wie sind Sie vorgegangen? Was war die Grundlage für Ihren Erfolg? Wenn Sie ein bestimmtes Verhaltensmuster erkennen, notieren Sie es sich.

Wie steht es um Ihre interkulturelle Kompetenz?

Die Globalisierung in unserer Welt geht immer schneller voran. Sie werden verstärkt mit Menschen aus anderen Kulturen in Kontakt kommen. Unser Verhalten und unsere Erwartungen sind jedoch nach wie vor sehr stark von unserem kulturellen Hintergrund bestimmt. Ob privat oder im Berufsleben, es treten immer wieder Konflikte auf, weil wir das Verhalten des anderen falsch interpretieren oder selbst mit den Gepflogenheiten eines Landes nicht vertraut sind und Fehler machen.

Mit dem Gastland vertraut machen

Viele Unternehmen mussten solche Verhaltensfehler ihrer Mitarbeiter schon teuer bezahlen, wenn dadurch Geschäfte nicht realisiert werden konnten. So bieten zahlreiche Unternehmen ihren Mitarbeitern interkulturelle Trainings an, um sich mit dem Gastland besser vertraut zu machen und die größten Fettnäpfchen zu umgehen.

Karrierefaktor 14: Verhalten Sie sich in anderen Ländern angemessen

10 Min.

Wie verhalten Sie sich in den nachfolgenden Situationen?

Situation 1:

Ihr Geschäftspartner aus Südkorea kommt erstmals auf Geschäftsreise zu Ihnen. Er überreicht Ihnen seine Visitenkarte.

a) Sie nehmen die Karte und stecken Sie gleich in die Jackentasche.

b) Sie legen die Visitenkarte sofort auf den Tisch.

c) Sie bitten den Geschäftspartner, seine Karte noch so lange zu behalten, bis Sie an Ihrem Schreibtisch sind und ihm auch Ihre Visitenkarte geben können.

d) Sie nehmen die Karte in beide Hände, betrachten sie eine Weile und stecken Sie erst nach einiger Zeit ein.

Situation 2:

Sie sind geschäftlich in den USA. Ihr Geschäftspartner lädt Sie am Ende der Verhandlungen für den darauf folgenden Tag abends um 18.30 Uhr zu sich nach Hause ein.

a) Sie nehmen die Einladung dankend an und bringen eine Flasche Wein mit.

b) Sie nehmen die Einladung an und schreiben am nächsten Tag eine kleine Karte, mit der Sie sich für die Einladung nochmals bedanken.

c) Sie lehnen die Einladung ab, weil Sie denken, es handelt sich bei der Einladung nur um eine allgemeine Floskel, die aber nicht so gemeint ist, dass Sie wirklich kommen sollen.

d) Sie sagen gar nichts, gehen aber nicht hin.

Situation 3:

Sie fahren in der Türkei mit dem Pkw auf der Landstraße und steuern die nächste Tankstelle an. Der Tankwart erkennt, dass Sie Deutscher sind, und fängt mit Ihnen ein Gespräch auf Deutsch an, weil er einige Jahre in Deutschland gelebt hat. Freundlich bietet er Ihnen eine kleine Tasse Tee an.

a) Sie lehnen den Tee ab und warten bis der Wagen betankt ist.

b) Sie nehmen den Tee an und unterhalten sich mit dem Tankwart.

c) Sie fahren, ohne zu tanken, von der Tankstelle, weil Sie glauben, er möchte Sie nur übervorteilen.

d) Sie lehnen den Tee ab, sagen aber, dass Sie lieber eine Cola hätten.

Situation 4:

Sie sind in Frankreich zum Skilaufen und Ihr Sohn wird vom Leiter der Skischule in eine Gruppe eingeteilt, in der schon zehn Kinder sind. In den Vertragsbedingungen steht, dass die Gruppen aus maximal acht Kindern bestehen.

a) Sie gehen auf den Leiter zu, beschweren sich lautstark und fordern Ihr Geld zurück.

b) Sie sagen nichts, weil Sie Gast in einem fremden Land sind und nicht negativ auffallen wollen.

c) Sie gehen auf den Leiter zu, fragen ihn freundlich, wie es ihm geht, und machen ein bisschen Smalltalk. Dann erst fragen Sie, wie er denn die Kurseinteilung weiter planen würde.

d) Sie warten bis zum letzten Tag des Skikurses, bevor Sie den Leiter ansprechen, um ihm Ihre Unzufriedenheit mitzuteilen.

Situation 5:

Sie und Ihr Partner/Ihre Partnerin machen am Roten Meer Badeurlaub. Außerhalb der Hotelanlage finden Sie einen wunderschönen Strand. Sie/Ihre Partnerin möchte(n) sich gerne an den Strand legen und „oben ohne" bräunen.

a) Sie halten das für o. k., weil ja eine männliche Begleitung dabei ist.

b) Sie bzw. die Partnerin lassen das Oberteil an, um nicht gegen die Landessitten zu verstoßen.

c) Sie lassen sich von irgendwelchen moralischen Regeln gar nicht beeinflussen und baden „oben ohne".

d) Sie verzichten ganz auf das Sonnenbad.

Karrierefaktor 14: So verhalten Sie sich in anderen Ländern angemessen

Lösung

Zunächst die Analyse unserer fünf kleinen Beispiele:

Situation 1:

Asien

Die Übergabe von Visitenkarten stellt in Asien ein besonderes Ritual dar. Indem Sie die Visitenkarte in beide Hände nehmen und eine Weile betrachten, bevor Sie sie dann einstecken, drücken Sie Ihre Wertschätzung für den Gesprächspartner aus. Antwort d) ist daher sinnvoll.

Situation 2:

Amerika

Die Amerikaner sprechen wesentlich leichter eine Einladung aus, als dies bei uns üblich ist. Wenn hier nicht ein konkreter Termin genannt wird, sollten Sie in der Tat etwas zurückhaltend sein, einfach dort aufzutauchen. In unserem Beispiel ist jedoch ein konkreter Tag mit Uhrzeit genannt, dann sollten Sie die Einladung auch annehmen und kommen. Etwas mitzubringen ist im Gegensatz zu Deutschland eher unüblich, das Schreiben einer kleinen Dankeskarte am Folgetag dagegen „ein Muss“ und ein Beweis für gute Umgangsformen. Antwort b) ist daher richtig.

Situation 3:

Türkei

Gastfreundschaft spielt in der Türkei eine große Rolle. Dass Ihnen der Tankwart ein Glas Tee anbietet, ist dies eine freundliche Geste, die Sie annehmen sollten. Antwort b) ist daher zu empfehlen.

Situation 4:

Frankreich

Wir Deutschen werden im Ausland als sehr direkt und etwas hölzern und steif in unserem Verhalten wahrgenommen. Uns fehlt häufig die Geschmeidigkeit und bisweilen Blumigkeit in unserer Ausdrucksweise und in unserem Verhalten, wie wir das bei Südländern eher kennen. Fallen Sie nicht mit der Tür ins Haus, ein Lächeln und ein bisschen Smalltalk sind wichtig, um beispielsweise mit Franzosen besser ins Gespräch zu kommen und dann auch die eigenen Interessen durchsetzen zu können. Nichts oder erst am letzten Tag etwas zu sagen, wenn sowieso nichts mehr geändert werden kann, ist auch nicht die Lösung. Alternative c) bietet sich deshalb an.

Situation 5:

Arabische Länder

Andere Länder, andere Sitten. So ist es in arabischen Ländern nicht mit dem dortigen religiösem Bewusstsein vereinbar, wenn Frauen sich in der Öffentlichkeit „oben ohne" zeigen. Sie sollten sich darüber bewusst sein, dass Sie Gast sind und diese Regeln auch beachten. Es spielt dabei keine Rolle, ob eine männliche Begleitung dabei ist. Wir empfehlen deshalb Alternative b).

Egal, ob Sie privat unterwegs sind oder beruflich im Ausland zu tun haben, machen Sie sich mit den „Spielregeln" des Gastlandes vertraut. Sie bekommen so viel schneller Kontakt zu anderen Menschen und finden deren Akzeptanz.
Aber nicht nur, wenn Sie als Fremder im Ausland unterwegs sind, spielt das Thema „interkulturelle Kompetenz" eine Rolle. Auch hier zu Hause kommen wir in Kontakt mit Menschen aus unterschiedlichen Kulturkreisen. Offenheit, Toleranz, aber auch die Bereitschaft, Ausländern dabei zu helfen, sich in unserem Kulturkreis zurechtzufinden, können das Miteinander deutlich erleichtern.

Das sollten Sie in diesem Kapitel erreicht haben

Nach Bearbeitung dieses Kapitels über soziale Kompetenz sollten Sie Ihr privates und berufliches Umfeld sowie Ihre Beziehungsverknüpfungen kennen. Sie kennen Ihre Rolle innerhalb der unterschiedlichen Systeme und haben ein bestimmtes Verhaltensmuster erkannt, nach dem Sie handeln. Sie haben sich damit auseinander gesetzt, ob Sie eine Führungsfunktion anstreben und welchen Führungsstil Sie versuchen umzusetzen. Sie wissen, dass soziale Kompetenz die Fähigkeit bedeutet, sein Verhalten situationsgerecht auszurichten und individuell auf unterschiedliche Menschen einzugehen. Um andere überzeugen und für Ihre Ideen gewinnen zu können, bedarf es mehr als nur der Fachkompetenz. Sie benötigen auch die Fähigkeit, die Bedürfnisse Ihres Gesprächspartners zu kennen und Ihre Argumentation darauf auszurichten.

Welche Methodenkompetenz können Sie vorweisen?

Tools zur Aufgabenbewältigung

Wenn wir über Methodenkompetenz sprechen, wird es wieder sehr pragmatisch. In diesem Kapitel geht es darum, mehr über Ihre Arbeitstechniken und Vorgehensweisen zu erfahren, die Sie zur Lösung Ihrer Aufgaben und Probleme einsetzen. Stellen Sie sich einfach einen Handwerker vor, zum Beispiel einen Klempner, der einen Wasserrohrbruch reparieren soll. Er kommt mit seiner Werkzeugkiste, darin sind ein Hammer, ein Schraubenzieher, ein Stemmeisen, ein Engländer usw. So, wie der Handwerker seine Werkzeuge zur Bearbeitung seiner Probleme einsetzt, verfügen auch Sie über eine Sammlung von „Tools“, die Ihnen helfen, die gestellten Aufgaben zu bewältigen.

Methodenkompetenz hat gegenüber der Fachkompetenz einen großen Vorteil: Sie ist wesentlich universeller einsetzbar, d. h. sie kann fachübergreifend zum Einsatz gebracht werden. Sie veraltet nicht so schnell wie Fachwissen und erleichtert den Wechsel in neue Arbeitsgebiete.

Wie kann Methodenkompetenz zu mehr beruflicher Flexibilität verhelfen?

Warum ist Methodenkompetenz gerade in unserer von Veränderungen geprägten Arbeitswelt so wichtig?

Selbst wenn Sie nicht den Arbeitsplatz wechseln, werden immer neue Aufgabenstellungen auf Sie zukommen. Nicht weil Ihr Chef das so toll findet, sondern weil der Markt mit seinem immer stärkeren Wettbewerb Veränderungen und Anpassungen an die Kundenwünsche notwendig macht. Wer in dieser Situation nur anhand eines festen Schemas seine Aufgaben abarbei-

tet, kann sich den neuen Anforderungen nicht anpassen. Er braucht dann wieder eine neue Checkliste, die ihm sagt, was er zu tun hat. Der methodisch qualifizierte Mitarbeiter ist in der Lage, die neuen Aufgabenstellungen selbstständig in den Griff zu bekommen. Sein Chef muss ihm nicht eine neue Checkliste schreiben, was er zu tun hat. Es reicht, wenn er ihm den Wunsch des Kunden übermittelt.
Gerade Hochschulabsolventen sollten viel stärker auf ihre methodischen Fähigkeiten abstellen und nicht nur fachlich argumentieren. Schließlich stellt die Fähigkeit, Fragestellungen selbstständig zu bearbeiten und geeignete Lösungswege zu finden, eine Kernkompetenz eines akademisch gebildeten Menschen dar. Das Schreiben einer Diplomarbeit hat genau diese Funktion. Der Kandidat soll beweisen, dass er in der Lage ist, ein ihm fremdes Thema eigenständig zu erfassen und strukturiert aufzugreifen. Hier gilt: Der Weg ist das Ziel.

Fallbeispiel

Thomas Holzer war als Lagerleiter bei einem Schraubengroßhändler beschäftigt. Aufgrund der Insolvenz seiner Firma musste er sich neu bewerben. Zunächst suchte er innerhalb der Schraubenbranche nach einer neuen Stelle, da er aufgrund seiner Fachkompetenz mit den unterschiedlichen Schraubentypen bestens vertraut war und sich somit Wettbewerbsvorteile gegenüber anderen Bewerbern erhoffte. Leider fand er in diesem Bereich keine neue Stelle. Nun bewirbt er sich in anderen Branchen auf Stellen als Lagerleiter. Über einen Bekannten wird er schließlich bei einem Elektronikfachhändler zum Vorstellungsgespräch eingeladen.

Karrierefaktor 15: Argumentieren Sie mit Methodenwissen

10 Min.

Wie muss Thomas Holzer argumentieren, damit er die Stelle bekommt? Was würden Sie sagen?

Lösung

Karrierefaktor 15: So argumentieren Sie mit Methodenwissen

Thomas Holzer muss versuchen, dem Arbeitgeber deutlich zu machen, dass Fachkompetenz bezogen auf die Produkte, die im Lager geführt werden, nicht die entscheidende Bedeutung hat. Hier hätte er gegenüber anderen Bewerbern einen klaren Nachteil, weil er mit diesen Produkten keine Erfahrung hat und sich erst einarbeiten muss. Viel wichtiger ist es, dass er Erfahrung darin besitzt, wie man grundsätzlich ein Lager führt, wie man Teile anhand von Typ-Teile-Nummern kategorisiert und ihnen eindeutige Lagerplätze zuordnet. Ihm ist die Vorgehensweise vertraut, wie er am leichtesten eine Inventur durchführt und „Bestandsleichen" herausfindet. Er kann belegen, dass er die Methodik der Lagerführung erfolgreich beherrscht. Ob er das mit Schrauben macht oder mit Kfz-Zubehörteilen, spielt dabei nur eine untergeordnete Rolle.
Anders formuliert: Methodenkompetenz, also die Art und Weise, wie Aufgabenstellungen gelöst werden, sind im Beruf wesentlich wichtiger als reines Fachwissen, das sich in der Regel sehr schnell aneignen lässt.

Was ist charakteristisch für Ihren Arbeitsstil?

Jeder Mensch hat sich im Laufe seines Lebens einen bestimmten Arbeitsstil angewöhnt.

- Es gibt Menschen, die alles bis ins kleinste Detail planen.
- Andere gehen eher großzügig an Aufgaben heran.
- Es gibt Menschen, die lieber kleine Etappen Schritt für Schritt machen.
- Andere stecken das große Bild und den Rahmen und legen auf Details nicht so großen Wert.

Der Arbeitsstil hat nicht zuletzt Einfluss darauf, ob Sie mit anderen im Team zusammenarbeiten können oder nicht. Wer vollkommen anders als die Kollegen an Aufgaben herangeht, kann bisweilen Probleme bekommen, da im Team keine gemeinsame Struktur für die Bearbeitung der anstehenden Aufgaben gefunden wird. Dann entstehen oft endlose Diskussionen darüber, wie an die Sache herangegangen werden soll, die aber keinen Schritt näher zum Ziel führen. Am Ende stehen Unzufriedenheit und die ständige Rechtfertigung, warum die eigene Vorgehensweise die richtige ist.

Karrierefaktor 16: Erkennen Sie, wie Sie bei der Lösung von Aufgaben vorgehen

15 Min.

Sie wohnen im Rhein-Main-Gebiet in einer 2-Zimmer-Wohnung mit 45 qm und müssen aufgrund einer Eigenbedarfskündigung ausziehen. 15 Kilometer von Ihrem bisherigen Wohnort haben Sie eine hübsche 3-Zimmer-Wohnung mit 67 qm gefunden. Aus finanziellen Gründen wollen Sie keinen Umzugsspediteur einschalten, sondern in Eigenregie unter Zuhilfenahme von Bekannten den Umzug meistern.

Wie gehen Sie an die Umzugsplanung? Beschreiben Sie die einzelnen Schritte, wie Sie vorgehen und an was Sie alles im Zusammenhang mit dem Umzug denken bzw. was Sie organisieren müssen.

Lösung

Karrierefaktor 16: So erkennen Sie, wie Sie bei der Lösung von Aufgaben vorgehen

Wie viele einzelne Punkte haben Sie aufgelistet? Mehr als zehn? Oder haben Sie vielleicht nur notiert, dass Sie ein Fahrzeug organisieren und ein paar Leute zusammentrommeln müssen? Vielleicht haben Sie auch einen Ablaufplan gemacht, wie Sie vorgehen werden?
Es gibt sehr unterschiedliche Möglichkeiten, an diese Aufgabenstellung heranzugehen. Hier zwei Beispiele:

Variante 1: Auflistung

Entweder Sie listen einfach die unterschiedlichen Arbeiten auf, die Ihnen spontan einfallen:

- Umzugswagen anmieten
- Alte Wohnung renovieren
- Strom/Gas/Telefon ummelden
- Bekannten und Freunden die neue Anschrift mitteilen
- Überlegen, welche Möbel wo stehen sollen
- Freunde ansprechen, die helfen können
- Hausrat ausmisten
- Verpflegung für Umzugstag organisieren
- Nachsendeantrag Post
- Küche einbauen
- Umzugskisten besorgen
- Schränke aufbauen
- Lampen aufhängen

Variante 2: Projektplan

Oder Sie machen einen Projektplan:

1. Festlegung des Budgets: max. € 1.900,–
2. Zeitplan Umzugstermin: 25.3., alle Arbeiten sollen zwischen dem 23.3. und 28.3. erledigt sein.

Teilprojekte:

- Renovierung der alten Wohnung
- Vorbereitende Arbeiten für den Umzug
- Organisation des Umzugstags
- Folgearbeiten in der neuen Wohnung

Teilprojekt 1: Renovierung der alten Wohnung

Aufgabe	Kosten	Termin
Farbe, Werkzeug und Abklebeband kaufen	€ 200,–	23.3
Durchführung der Renovierungsarbeiten		27.3
Wohnung putzen		28.3
Übergabe der alten Wohnung		28.3

Teilprojekt 2: Vorbereitende Arbeiten für den Umzug

Aufgabe	Kosten	Termin
Helfer ansprechen	€ 300,–	sofort
Umzugswagen für 1 Tag anmieten	€ 350,–	23.3
Kartons ausleihen	€ 50,–	23.3
Getränke für Umzugstag besorgen	€ 60,–	23.3
Handwerker für Kücheneinbau beauftragen	€ 350,–	23.3
Überlegen, wo neue Möbel stehen sollen (Plan)		23.3
Hausrat ausmisten		24.3
Sachen in Kisten verpacken		24.3
Ablaufplan mit Helfern durchsprechen		25.3

Teilprojekt 3: Organisation des Umzugstags

Aufgabe	Kosten	Termin
Umzugwagen abholen		8.00 Uhr
Helfer einteilen		9.00 Uhr
Plan, wo welche Möbel stehen sollen, verteilen		9.30 Uhr
Pizza für Helfer abholen	€ 60,–	12.00 Uhr
Schränke aufbauen		ab ca. 15.00 Uhr
Gemütlicher Umtrunk mit Helfern und neuen Nachbarn		ab ca. 18.00 Uhr

Teilprojekt 4: Folgearbeiten in der neuen Wohnung

Aufgabe	Kosten	Termin
Küche aufbauen lassen		26.3.
Kartons auspacken		26.3
Lampen aufhängen lassen		26.3
Gas/Strom/Telefon ummelden		26.3
Neue Adresse Bekannten mitteilen	€ 40,–	23.3
Notwendige Kleinmöbel/Gardienen kaufen	€ 400,–	28.3
Summe der Kosten	**€ 1.810,–**	

Wie sind Sie an die Aufgabe herangegangen: eher wie Variante 1 oder wie Variante 2? Überlegen Sie, wie Sie bisher mit Ihrer Vorgehensweise zurechtgekommen sind. Welcher der vorgestellten Lösungsansätze gefällt Ihnen besser? Konnten Sie die gestellten Aufgaben erfolgreich lösen?

Wie steht es um Ihr Zeitmanagement?

Zeitmanagement ist ein zentrales Element im Rahmen der Methodenkompetenz.Die zur Verfügung stehende Zeit effizient und zielgerichtet zu nutzen hilft Ihnen, die gestellten Aufgaben erfolgreich zu meistern.

Geht es Ihnen auch manchmal so, dass Sie den ganzen Tag schwer gearbeitet und abends dennoch das Gefühl haben, keinen Meter vorangekommen zu sein? Dann fragen Sie sich, was Sie eigentlich den ganzen Tag über gemacht haben. Hier eine Anfrage, da noch eine E-Mail, zwei, drei Telefonate – alles Kleinigkeiten, die jedoch in der Summe bewirken, dass Sie sich aufgrund der Unterbrechungen in wichtige Aufgabenstellungen, an denen Sie gerade arbeiten, immer wieder neu hineindenken müssen und damit wertvolle Zeit verlieren. Der erste Schritt, dem entgegenzuwirken, besteht darin, sich bewusst zu machen, welche Tätigkeiten an einem typischen Arbeitstag so anfallen und zu bewältigen sind.

Sven Huber ist Projektleiter in der Entwicklung. Er ist zeitlich ziemlich eingespannt und überlegt sich, wie er sich besser organisieren kann. Dazu listet er alle Tätigkeiten des letzten Arbeitstags auf:

Tätigkeit	Zeitbedarf
E-Mails gelesen und bearbeitet	1,5 Stunden
Projektsitzung mit dem Team	2 Stunden
Koordination der weiteren Vorgehensweise mit einem Mitglied des Projektteams	0,5 Stunden
Aktualisierung des Projektplans	1 Stunde
Zwei Telefonate mit Lieferanten	0,5 Stunden
Budgetantrag Stufe 2 des Projekts	2 Stunden
Durchsprache Projektplan mit Teamassistentin	0,5 Stunden
Posteingang sichten	0,5 Stunden

Sven Huber überlegt sich nun, welche Tätigkeiten zielgerichtet waren und worauf er unnötig Zeit verwendet hat.

Karrierefaktor 17: Entwickeln Sie ein effizientes Zeitmanagement

Machen Sie es Sven Huber nach und listen Sie alle Ihre Tätigkeiten eines Arbeitstags detailliert auf. Am besten ist es, Sie machen diese Aufstellung über vier bis fünf Tage, um eine möglichst realistische Aufzeichnung zu erhalten.

- Wo haben Sie Zeitfresser?
- Welche Tätigkeiten hätten sich effizienter bearbeiten lassen?
- Wozu sind Sie nicht gekommen, obwohl es Ihnen wichtig gewesen wäre?
- Was hat Sie daran gehindert, die Ihnen wichtigen Dinge zu erledigen?

Lösung

Karrierefaktor 17: So beurteilen Sie Ihr Zeitmanagement

Haben Sie aus dieser Analyse Rückschlüsse ziehen können? Hilfreich kann dabei sein, die in Anlehnung an Stephen R. Covey in seinem Buch „First things first“ empfohlene Dringlichkeits-Wichtigkeits-Analyse zu machen: Der Kern seiner Methodik besteht darin, dass sich unsere Aufgaben nach den Kriterien Dringlichkeit und Wichtigkeit klassifizieren lassen. Dies stellt sich grafisch wie folgt dar:

Dringlichkeits-Wichtigkeits-Analyse

	nicht dringend	dringend
wichtig	**Feld 2** Strategisch, konzeptionell ausgerichtete Tätigkeiten, Organisations-entscheidungen	**Feld 1** Entscheidungen, die kurzfristig getroffen werden müssen, da sonst die Zielerreichung gefährdet ist
nicht wichtig	**Feld 3** Routinearbeiten, Telefonate, E-Mails, Tätigkeiten, die gerade mal so anfallen	**Feld 4** Spontane Anfragen, Besprechungen, die das Tagesgeschäft betreffen

Feld 1

In Feld 1 sind die Tätigkeiten, die erste Priorität haben, da sie sowohl wichtig als auch dringlich sind. Sie können zeitlich nicht verschoben werden, da sonst die Erreichung Ihrer Ziele stark gefährdet ist. (Auf das Thema Ziele werden wir im weiteren Verlauf des Buches noch näher eingehen.)

Feld 2

In Feld 2 finden sich Tätigkeiten, die zwar nicht dringlich sind, mittel- und langfristig jedoch eine sehr hohe Bedeutung haben. Alle strategischen Überlegungen und konzeptionellen Aufgaben finden sich hier wieder.

Kennen Sie das auch? Sie sollen eine Ausarbeitung machen, wie Sie in der Zukunft Ihren Bereich neu organisieren wollen, um den veränderten Anforderungen in puncto geringerer Durchlaufzeit gerecht zu werden. Aufgrund der vielen dringlichen Arbeit kommen Sie aber nie dazu, sich diese Gedanken zu machen. Die Ausarbeitung wird wieder auf den Stapel der unerledigten Dinge gelegt, Tag für Tag. „Das muss ja nicht heute sein", so die Entschuldigung. Im Ergebnis heißt dies jedoch, dass diese wichtige Aufgabe immer weiter verschoben und damit gar nicht oder erst dann erledigt wird, wenn Dringlichkeit besteht, sprich der Druck von außen so groß geworden ist, dass Sie sofort handeln müssen. Hier kommt das Beispiel der beiden Waldarbeiter in den Sinn, die sich mit den Holzsägearbeiten abmühen. Auf die Empfehlung, sie sollten doch mal ihre Säge schleifen, damit ihnen die Arbeit leichter fiele, entgegnen sie nur, dass sie dafür keine Zeit hätten.

Feld 3

In Feld 3 finden sich viele „Zeitfresser", also Tätigkeiten, die weder wichtig sind noch eine hohe Dringlichkeit besitzen. Sie halten uns von wirklich wichtigen Dingen ab. Daher besteht hier ein großes Einsparpotenzial. Einige Fragestellungen dazu sind:

- Wie kann ich Routineabläufe vereinfachen oder standardisieren?
- Wo kann ich Tätigkeiten bündeln, z. B. Telefonate auf eine bestimmte Zeitspanne begrenzen?
- Welche Aufgaben können ganz einfach entfallen?

Feld 4

In Feld 4 sind Tätigkeiten zu finden, die dringlich sind oder uns zumindest als dringlich erscheinen, jedoch im Hinblick auf die Zielerreichung keine große Bedeutung haben.

Diese Tätigkeiten verdrängen sehr häufig wichtige Arbeiten auf der Prioritätenliste nach hinten. Auch hier gilt es, Einsparpotenziale zu erkennen. Wer sich durch dringende, aber eben nicht wirklich wichtige Dinge die Zeit stehlen lässt („Machen Sie mir doch eben mal ganz schnell ..."), wird die gesteckten Ziele nur sehr schwer erreichen können.

Pareto-Prinzip

Mit dem Verhältnis zwischen Zeit- und Energieeinsatz und dem damit erreichten Ergebnis hat sich auch der italienische Volkswirtschaftler und Soziologe Vilfredo Pareto bereits im 19. Jahrhundert beschäftigt.

Er stellte zunächst fest, dass 20 Prozent der Bevölkerung 80 Prozent des Vermögens besaßen. Von diesem Sachverhalt ausgehend betrachtete Pareto weitere Zusammenhänge. Bei den meisten Sachverhalten ist diese Verteilung anzutreffen. 20 Prozent des Aufwands tragen zu 80 Prozent zum Ergebnis bei. Oder umgekehrt: Mit 80 Prozent unserer eingesetzten Energie erreichen wir nur 20 Prozent unserer Ziele. Fragen Sie sich daher immer, ob ein zusätzlicher Aufwand durch den damit verbundenen Nutzen gerechtfertigt ist. Dies ist ein zentrales Problem der Perfektionisten, die sich nicht damit anfreunden können, keine 100-prozentige Lösung mitzutragen.

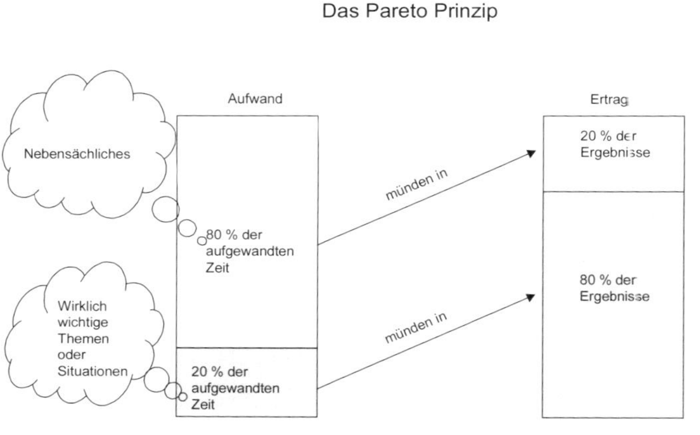

Und noch ein Aspekt zum Thema Zeitmanagement. Verplanen Sie am Tag nicht mehr als 50 Prozent Ihrer Zeit fest. Damit schaffen Sie sich Freiräume für die dringenden und wichtigen Arbeiten, die kurzfristig auftreten und die Sie unbedingt erledigen müssen. Ansonsten laufen Sie Gefahr, dass Sie jeden Tag eine Liste von unerledigten Tätigkeiten mit in den nächsten Tag nehmen und damit nur Frusterlebnisse aufbauen.

Einige Tipps zum Thema Zeitmanagement

- Machen Sie abends eine Tagesbilanz der durchgeführten Aktivitäten.
- Belohnen Sie sich für das Erreichen der gesteckten Ziele.
- Planen Sie bereits am Abend den nächsten Tag, indem Sie sich einen Überblick verschaffen und Prioritäten setzen.
- Überfrachten Sie Ihren Tag nicht.
- Legen Sie wichtige Tätigkeiten in die Zeiten, in denen Sie besonders leistungsfähig sind.
- Gönnen Sie sich kleine Pausen, die Ihre Leistungsfähigkeit steigern.
- Schaffen Sie sich „Zeitfresser" vom Hals, z. B. indem Sie das Telefon eine Stunde umleiten, um konzentriert an einem Thema arbeiten zu können.
- Sorgen Sie jeden Tag für einen positiven Start, indem Sie zunächst etwas tun, worauf Sie sich freuen.

Zeitplanungsbücher

Wenn Sie Ihr persönliches Zeitmanagement verbessern möchten, gibt es neben den genannten Tipps eine Reihe von Hilfestellungen, beispielsweise so genannte Zeitplanungsbücher wie z. B. tempus oder time system, die Ihnen mit Checklisten und Formularen zu einem besseren Zeitmanagement verhelfen können. Auch elektronische Organizer können hier hilfreich sein.

Wie organisieren Sie Ihren Arbeitsplatz?

Kennen Sie auch Menschen, deren Schreibtisch immer leer ist, und andere, die prinzipiell „auf der dritten Ebene" arbeiten? Die Art und Weise, wie Sie sich Ihren Arbeitsplatz organisieren, kann Ihnen wichtige Hinweise auf Ihren Arbeitsstil und Ihre Arbeitsmethodik geben.

Karrierefaktor 18: Organisieren Sie Ihren Arbeitsplatz sinnvoll

Denken Sie bitte über die Fragen auf den folgenden Seiten nach!

Sieht Ihr Arbeitsplatz einladend aus, wenn Sie ihn morgens betreten?

- Ist er sauber?
- Stehen keine gebrauchten Kaffeetassen auf dem Tisch oder volle Aschenbecher?
- Ist der Tisch aufgeräumt?
- Haben Sie Bilder an der Wand oder etwas Persönliches auf dem Tisch, über das Sie sich freuen?
- Ist der Lichteinfall günstig für die Arbeit am PC?

Wie arbeiten Sie über den Tag?

- Haben Sie immer nur den aktuellen Vorgang, den Sie gerade bearbeiten, auf dem Tisch, oder verteilen Sie alle Vorgänge darauf?
- Haben Sie einen Plan und eine Prioritätenliste, was Sie wann erledigen?
- Versuchen Sie, Arbeiten komplett abzuschließen und den Vorgang dann auch abzulegen, oder behalten Sie Vorgänge lieber „griffbereit" in der Nähe, auch wenn aktuell nichts daran zu tun ist?
- Packen Sie abends alle Unterlagen weg oder lassen Sie sie auf dem Schreibtisch?

Haben Sie eine strukturierte Ablage?

- Mit welchen Ablagesystemen arbeiten Sie? (Ordner, Hängeregistraturen, ...)
- Wie bewahren Sie Ihre Unterlagen auf?
- Haben Sie eine bestimmte Ablagesystematik? (nach Kunden, Regionen, Produkten, Jahren)
- Halten Sie die vorgesehene Ablagesystematik konsequent ein?
- Finden Sie Vorgänge/Unterlagen auf Anhieb oder ist dies häufig mit Suchen verbunden?
- Sortieren Sie Unterlagen regelmäßig aus?

Was befindet sich auf und in Ihrem Schreibtisch?

- Haben Sie Gebrauchsgegenstände, die Sie häufig benutzen, griffbereit?
- Benutzen Sie den Schreibtisch auch als Ablage für erledigte Vorgänge?
- Sind die Gebrauchsgegenstände ergonomisch angeordnet?
- Dient Ihr Schreibtisch auch als Lagerplatz für Dinge, die nichts mit Ihrer Arbeit zu tun haben?

Wie nutzen Sie Ihren Computer?

- Haben Sie ein strukturiertes Ablagesystem für Dokumente in Ihrem PC?
- Löschen Sie regelmäßig alte Datenbestände?
- Sind Ihre Adress- und E-Mail-Daten auf dem aktuellen Stand?
- Sichern Sie Ihre Daten regelmäßig?

Karrierefaktor 18: So organisieren Sie Ihren Arbeitsplatz sinnvoll

Lösung

Wie sind Sie mit Ihren Antworten zufrieden? Gibt es Dinge, die Sie gerne ändern würden, weil Sie das Gefühl haben, dass Sie in Ihrem Arbeitsfluss behindert werden?

In welcher Umgebung fühlen Sie sich wohl?

Eine Redewendung besagt: So, wie es auf deinem Schreibtisch aussieht, sieht es auch in deinem Kopf aus. Dabei gibt es keine allgemein verbindliche Vorgabe für eine optimale Arbeitsplatzorganisation. Dem kreativen Genie, das nur im scheinbaren Chaos wirklich gut arbeiten kann, nähme eine klinisch reine Arbeitsumgebung jegliche Inspiration. Wichtig ist nur, dass Sie sich mit Ihrer Arbeitsform auch wohl fühlen und sie als förderlich empfinden.

Standards der Arbeitsumgebung

Ferner spielt mit hinein, ob es einen bestimmten „Standard" in Ihrer Arbeitsumgebung, sprich: bei den Kollegen gibt. Es kann das Zusammenleben und -arbeiten sehr erschweren, wenn Ihr Arbeitsstil und Ihre Vorstellung einer guten Arbeitsplatzorganisation stark von dem abweicht, was Ihre Kollegen oder ihr Chef darunter verstehen. Wenn Sie also die Fragen nochmals durchgehen, überlegen Sie sich im Einzelnen, ob Sie den jetzigen Zustand gerne beibehalten möchten oder eine Veränderung anstreben.

Praxis-Beispiel

Jürgen Mack plant eine Veränderung

Jürgen Mack, Vertriebsmitarbeiter in einem Dienstleistungsunternehmen arbeitet von seinem Home Office aus. Nachdem er die Einstiegsfragen für sich beantwortet hat, stellt er fest, dass er mit zahlreichen Antworten nicht zufrieden ist und seinen Arbeitsplatz gerne anders organisiert hätte. Hierzu beschreibt er zunächst seinen Wunschzustand und macht sich einen Plan, wie er diesen Wunschzustand erreichen wird.

CD-ROM

Wunschzustand	Maßnahmen
Auf meinem Schreibtisch sollen nur notwendige Arbeitsmittel stehen, damit ich viel freien Platz zum Arbeiten habe.	Ich werde jeden Tag eine halbe Stunde lang alte Vorgänge, die auf dem Schreibtisch liegen, abarbeiten und ablegen.
Meine Aktenordner sollen nicht mehr überfüllt sein, weil ich sonst schon keine Lust mehr habe, etwas hineinzutun.	Wenn die Ordner zu 75 % voll sind, sortiere ich zunächst alte Vorgänge aus, die weggeworfen werden können, dann lege ich ggf. einen neuen Ordner an.
Der Schreibtisch soll mit dem Rücken zur Wand stehen, damit ich an der Tür sehen kann, wenn jemand hereinkommt.	Ich drehe den Schreibtisch um 120 Grad und so, dass ich den Lichteinfall von der Seite habe.
Ich möchte morgens, wenn ich ins Büro komme, eine positive Motivation spüren.	Ich stelle mir eine schöne Pflanze ins Büro und hänge mir meine Urkunde „Verkäufer des Jahres" an die Wand.
Auf meinem PC möchte ich Kundendaten schnell und einfach finden.	Ich lege mir eine Datenbank mit den Adressen in MS Outlook an.

Ich möchte Termine, die ich bei Kunden unterwegs vereinbart habe, auch in meinem PC verfügbar haben.	Für meinen Organizer kaufe ich mir eine Synkronisationssoftware, um Daten überspielen zu können und immer auf dem aktuellen Stand zu sein.
Aktuelle Unterlagen zu Kundenprojekten möchte ich griffbereit haben.	Ich lege diese Vorgänge in einer Hängeregistratur ab. Wenn das Projekt abgeschlossen ist, wandert der Vorgang von der Hängeregistratur in die Ablage

Überlegen Sie sich, wie Ihr Wunschzustand aussehen würde, und beschreiben Sie die Maßnahmen, wie Sie diesen erreichen werden. Machen Sie überschaubare, kleine Schritte. Gute Tipps zum Thema „Ordnung und Organisation" liefert auch das Buch „Simplify your life" von Seiwert/Küstenmacher.

Karrierefaktor 19: Strukturieren Sie Ihre Gedanken

15 Min.

Sie sollen über ein Thema, mit dem Sie sich bisher nur am Rande beschäftigt haben, eine Ausarbeitung machen. Sie haben zwei Wochen Zeit, um die Zusammenhänge zu analysieren und die Ausarbeitung vorzubereiten. Beschreiben Sie detailliert die Schritte, wie Sie vorgehen.

Karrierefaktor 19: So strukturieren Sie Ihre Gedanken

Die Art und Weise, wie Menschen Ihre Gedanken und Ideen strukturieren ist sehr vielfältig. Sie hängt zum einen vom Denkansatz ab. Gehen Sie lieber deduktiv vor, d. h. Sie beginnen beim Allgemeinen und arbeiten sich Schritt für Schritt zum Speziellen? Oder liegt Ihnen mehr der induktive Weg, bei dem Sie mit einem speziellen Aspekt beginnen und dann daraus die weiteren Zusammenhänge ableiten?
Einfluss auf die Methodik haben auch der fachliche Hintergrund und die zu bearbeitenden Themenstellungen.

Flussdiagramme

- Naturwissenschaftler und Ingenieure erarbeiten sich Themen und Zusammenhänge häufig mittels Ablaufplänen. Ein gutes Beispiel hierfür sind Flussdiagramme, die sich in Prozessketten oder Softwareprogrammabläufen wiederfinden.

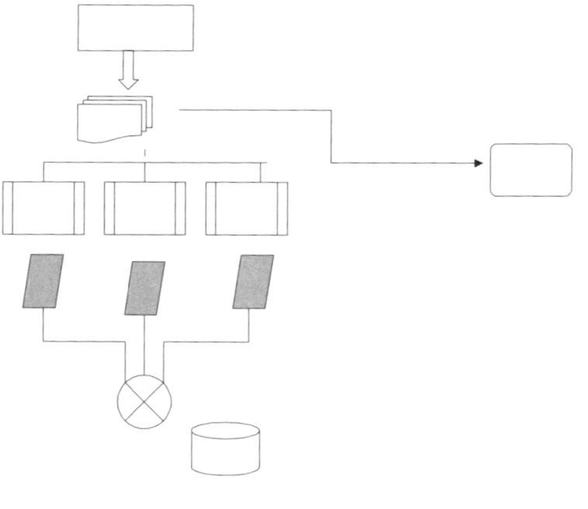

Netzpläne

- Logistiker lieben Netzpläne, die auch im Projektmanagement sehr häufig zum Einsatz kommen. Dabei wird der so genannte „kritische Pfad“ beschrieben, der anzeigt, in welchen Prozessen keine Pufferzeiten vorhanden sind. Dies bedeutet, dass jede Verzögerung in diesem Ablauf automatisch zu einer Verzögerung des Gesamtprojekts führt. Im nachfolgenden

Beispiel ist dies die Abfolge der Vorgänge 1–3–4–5, während Vorgang 2 einen Puffer von zwei Einheiten hat.

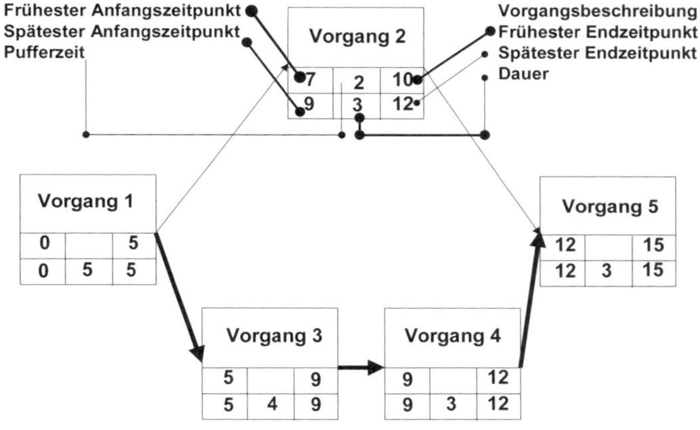

Kritischer Pfad

- Berater benutzen gerne grafische Tools wie die SWOT-Analyse. Mit ihrer Hilfe können Themen und Handlungsalternativen sehr schön aufbereitet und bewertet werden. Ziel dabei ist es, dem Kunden die

  SWOT-Analyse

  - Stärken (Strenghts = S),
  - Weaknesses (Schwächen = W),
  - Opportunities (Chancen = O) sowie die
  - Threats (Risiken = T)

  aufzuzeigen, um eine gute Entscheidungsgrundlage zu erhalten.

  Eine weitere Möglichkeit, Zusammenhänge darzustellen und Gedanken zu strukturieren, ist die Mindmap-Technik. Hier verzweigen sich wie bei einem Baum die Hauptthemen in untergeordnete Gesichtspunkte und Teilaspekte.

  Mindmap

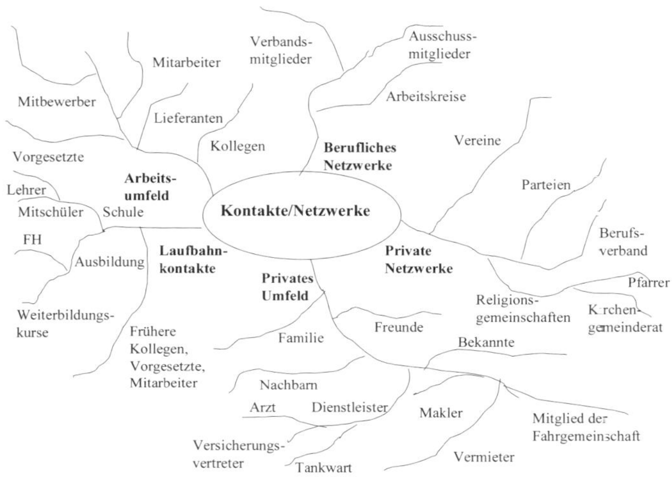

Verbale Beschreibung

- Geisteswissenschaftler beschreiben Vorgänge dagegen bevorzugt verbal, d. h. nicht über eine grafische Darstellung, sondern ausschließlich mittels Text.

Wie sind Sie bei dieser Übung vorgegangen? Fühlen Sie sich von einer der dargestellten Vorgehensweisen besonders angesprochen? Waren die beschriebenen Techniken für Sie neu? Oder hatten Sie sie bereits in Ihrer Methoden-Toolbox?
Überlegen Sie auch, wie Sie sich in der Vergangenheit Themen erarbeitet und strukturiert haben. Hausarbeiten, Diplom- oder Abschlussarbeiten können hier wichtige Anhaltspunkte geben. Entdecken Sie dabei ein bestimmtes Handlungsmuster, nach dem Sie immer wieder verfahren? Schreiben Sie die verschiedenen Methoden und Arbeitstechniken, die Sie beherrschen, auf und belegen Sie sie, indem Sie jeweils ein Beispiel nennen, bei dem Sie sie eingesetzt haben.

CD-ROM

Methode/Arbeitstechnik	Beispiel für den erfolgreichen Einsatz

Welche Methoden setzen Sie bei der Arbeit mit Gruppen ein?

Wer mit Gruppen arbeitet, sei es als Führungskraft, Trainer oder Moderator benötigt bestimmter Methoden, wie er mit diesen Gruppen arbeitet.

Stefanie Lorenz ist Personalreferentin im Bereich Personalentwicklung und Weiterbildung. In einem Fachbereich gibt es Probleme, da zwei Abteilungen zusammengelegt wurden und bei den Mitarbeitern viele offene Fragen bestehen und noch keine Identifikation mit dem neuen Bereich stattgefunden hat. Viele der Betroffenen kennen sich noch gar nicht. Stefanie Lorenz wird vom Abteilungsleiter gebeten, einen Workshop zu moderieren, der den Teambildungsprozess fördern soll. Ferner geht es darum, gemeinsam mit den Mitarbeitern neue Prozessstrukturen zu erarbeiten.
Stefanie Lorenz überlegt sich ein Konzept für die Gestaltung des Workshops.

Karrierefaktor 20: Arbeiten Sie professionell mit Gruppen

Wie würden Sie an der Stelle von Silke Lorenz den Workshop gestalten? Welche Methoden sollte sie Ihrer Meinung nach einsetzen?

Karrierefaktor 20: So arbeiten Sie professionell mit Gruppen

Im Vorfeld der Veranstaltung sollten Sie sich mit den unterschiedlichen Erwartungen der Workshop-Teilnehmer beschäftigen. Kurze Gespräche mit einzelnen Personen wären dazu sinnvoll.

Flipchart

Zu Beginn der Veranstaltung sollten Sie zunächst die Zielsetzung und die Erwartungen besprechen. Diese Informationen können Sie auf einem Flip-Chart aufschreiben und an den Wänden aufhängen, damit sie den ganzen Tag sichtbar sind.

Gegenseitiges Kennenlernen

Ein zentrales Element der Veranstaltung sollte das gegenseitige Kennenlernen sein. Kleine Übungen, bei denen sich die Teilnehmer vorstellen, können eine positive Grundstimmung schaffen.

Gruppenarbeit

Im Hinblick auf die Erarbeitung der Prozessstrukturen bietet sich der Einsatz einer Gruppenarbeit an. Dabei können die einzelnen Kleingruppen jeweils einen Aspekt näher beleuchten und ihre Ergebnisse dann im Plenum vorstellen, wo diese diskutiert werden. Eine Abschlussgesprächsrunde, in der die wichtigsten Ergebnisse und Erkenntnisse zusammengefasst und Vereinbarungen bezüglich der weiteren Vorgehensweise getroffen werden, sollten die Veranstaltung abschließen.

Metaplantechnik

Um für die Arbeit mit Gruppen gut gerüstet zu sein, sollten Sie auf jeden Fall die gängigen Moderations- und Diskussionstechniken beherrschen. Für die Moderation von Workshops hat sich insbesondere die Metaplantechnik sehr bewährt.

- Zur Erarbeitung einer Themenstellung werden die Teilnehmer gebeten, ihre inhaltlichen Beiträge jeweils in Form von Stichpunkten auf so genannte Moderationskarten zu schreiben. Diese werden an Metaplanwänden (Pinnwänden) angebracht. Damit stehen die einzelnen Beiträge allen sichtbar zur Verfügung.
- Im zweiten Schritt werden die einzelnen Beiträge nach Themen sortiert. Das wird in der Fachsprache „Clustern“ genannt. Auf dieser Grundlage können Themenschwerpunkte erkannt und weiterbearbeitet werden.

Die Metaplantechnik lässt sich auch sehr schön zur Visualisierung der Zielerreichung benutzen.

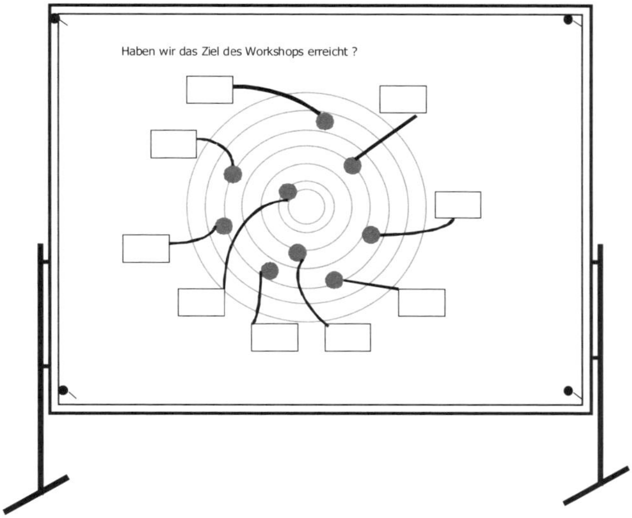

Beschreiben Sie auch hier zum Abschluss alle Methoden und Arbeitstechniken, die Sie in diesem Zusammenhang beherrschen.

Methode/Arbeitstechnik	Beispiel für den erfolgreichen Einsatz

CD-ROM

Karrierefaktor 21: Bringen Sie Inhalte auf den Punkt

10 Min.

Lesen Sie den nachfolgenden Text durch und versuchen Sie, die wesentlichen Inhalte herauszuarbeiten und in vier Sätzen zusammenzufassen.

Karriere – was ist das?

Viel wird über Karriere geredet. „Der hat aber eine tolle Karriere gemacht!" In dieser Aussage schwingt Bewunderung und Hochachtung mit. Wer Karriere macht, hat den Status eines Geschäftsführers, Vorstands oder mindestens Direktors möglichst schnell und bereits in jungen Jahren erreicht. Er besitzt nach außen sichtbare Macht, Einfluss und Ansehen. Aber der Karrierebegriff ist durchaus auch negativ belastet. „So muss man wohl sein, wenn man Karriere machen will!" hört man nicht selten, eher verachtend und missgünstig, verlauten. Insbesondere im deutschen Sprachgebrauch ist Karriere häufig mit Begriffen wie Ellenbogenmentalität, Strebertum auf Kosten anderer oder schnellem, oft rücksichtslosem Erklimmen einer hierarchischen Leiter, die an Statussymbole gekoppelt ist, verbunden. Auch Hochschulabsolventen und Young Professionals stehen dem Begriff Karriere oft ambivalent gegenüber. Sie haben keine klare Vorstellung davon, was Karriere nun wirklich ist und wie sie diesen Begriff in Bezug auf ihre eigene weitere berufliche Ausrichtung mit Inhalten füllen sollen.

Was verbirgt sich nun eigentlich hinter diesem viel gelobten und gescholtenen Reizwort?

Wenn wir einen Blick in die Sprachgeschichte des Karrierebegriffs werfen, finden wir dort einen häufigen Gebrauch des Wortes, der mit Geschwindigkeit und Aggressivität einhergeht. So war schon im Frankreich des 18. Jahrhunderts der Begriff carrière die Bezeichnung für eine Pferderennbahn. Auch heute noch wird die schnellste Gangart eines Pferdes mit carrière bezeichnet. Eine geradezu militärische Karriere machte der Begriff im 19. Jahrhundert in Deutschland. Dort wurden die Reiterattacken der Kavalleristen mit Karriere bezeichnet. Also keine allzu fruchtbare Basis, um dem Karrierebegriff etwas Positives abgewinnen zu können. Aber der Begriff findet sich glücklicherweise auch in einem anderen Kontext wieder, der eher als humanistisch bezeichnet werden kann.

Das portugiesische carreira für Straße oder Weg gibt hier die entsprechende Richtung an. Und auch die Amerikaner verwenden den Begriff career ganzheitlich im Sinne der individuellen beruflichen und persönlichen Laufbahn.

Karriere bedeutet für uns, sich zunächst mit seinen persönlichen Fähigkeiten und Neigungen zu beschäftigen und sich diese bewusst zu machen. Danach gilt es, Ziele zu definieren und schließlich unter Berücksichtigung sich verändernder Rahmenbedingungen und neuer Anforderungen seinen individuellen, eigenen Weg zu finden. Hier setzt auch die Aufgabe des Karriereberaters an. Er hilft seinen Kunden, ihre Fähigkeiten und Kenntnisse klarer zu erkennen und Entwicklungsperspektiven aufzuzeigen. Schließlich besteht die professionelle Hilfe auch darin, entsprechende Tools bereitzustellen, um die gesteckten Ziele auch erreichen zu können.

Uns ist es ein Anliegen, dazu zu ermuntern, sich nicht darauf zu beschränken, sich an alten, häufig längst überholten Karrieremustern wie der Kaminkarriere zu orientieren oder sich diese aufzwängen zu lassen. Das Verharren in einer einmal eingeschlagenen Richtung nach dem Sprichwort: „Schuster, bleib bei deinen Leisten", hat schon so manchen davon abgehalten, für sich neue Horizonte zu entdecken. Der Wunsch des Einzelnen, sich zu verwirklichen, seine Fähigkeiten und Begabungen zu nutzen und nicht zuletzt auch eine höhere Vereinbarkeit der beruflichen und persönlichen Lebensplanung zu erreichen, wird jedoch immer deutlicher artikuliert.

Auch volkswirtschaftlich gesehen ist es sinnvoll, Menschen das tun zu lassen, wo sie ihre Stärken am besten einsetzen können und einen hohen Zufriedenheitsgrad mit der persönlichen Lebenssituation erreichen. So gesehen gibt es nicht mehr eine allgemein fest definierte Karriere, sondern individuelle Karrieren, orientiert an den Wünschen und Bedürfnissen des Einzelnen und den gesamtwirtschaftlichen Möglichkeiten und Anforderungen.

Globalisierung und Wandel bergen in diesem Prozess nicht nur Gefahren in sich, sondern auch ungeahnte Chancen. Wäre es vor 20 Jahren denkbar gewesen, dass eine hoch qualifizierte junge Frau und Mutter mit drei Kindern den überwiegenden Teil ihrer Arbeit als Prozessverantwortliche von zu Hause aus erledigen kann? Neue, flexible, bunte und an den individuellen Bedürfnissen ausgerichtete Karrieremuster entstehen. Eine einmal getroffene Entscheidung ist nicht unwiderruflich; Wechsel und Neuorientierungen sind möglich, häufig sogar notwendig. Jahre der Festanstellung, freiberufliche Tätigkeiten oder projektbezogene Arbeiten können sich dabei abwechseln. Ich kenne viele gut qualifizierte Menschen, die aufgrund von Restrukturierungen, Mergern oder Insolvenzen plötzlich ihren Job verloren. Der so sicher geglaubte weitere Weg wurde plötzlich abgeschnitten und sie standen vor dem Nichts. Aus dieser ungewollten Situation heraus waren sie gezwungen, neue Wege zu erforschen, über berufliche Alternativen nachzudenken und Neuland zu betreten. Freiwillig hätten sie diesen Schritt nie getan, unter dem Druck der Arbeitslosigkeit entwickelten sie jedoch neue Ideen und ließen sich auf vermeintliche Risiken ein. Schließlich war das Risiko ja begrenzt, als Alternative gab es nur die Arbeitslosigkeit. Für viele entwickelte sich dieser Neubeginn nach einer persönlichen Krise zu einer echten Chance.

Und noch einen Aspekt des Karrierebegriffs möchte ich gerne ansprechen: die innere Karriere. Karriere kann sich für einen Menschen auch sehr leise und für andere kaum wahrnehmbar vollziehen. Hier steht das persönliche

Wachsen, das Ausschöpfen der eigenen Potenziale und Möglichkeiten im Mittelpunkt. Ziel ist es dabei, seinen Platz im Leben zu finden und persönlich zu reifen. Hierzu ist aber auch Toleranz in unserer Gesellschaft notwendig. Die Entscheidung für eine Karriere als Hausfrau/-mann und Mutter/Vater sollte dabei genauso akzeptiert und mit Wertschätzung belegt werden wie die Wahl einer Karriere als Manager in der Wirtschaft. Entscheidend ist, dass die Entwicklung für den Einzelnen als persönlicher Gewinn gesehen wird. Wie sang schon Frank Sinatra: „I did it my way."

Lösung

Karrierefaktor 21: So bringen Sie Inhalte auf den Punkt

Wie lange haben Sie für diese Übung gebraucht? Weniger als zehn Minuten? Dann sind Sie schon recht gut organisiert.
Welche Vorgehensweise haben Sie gewählt? Sind Sie den Text zunächst einmal durchgegangen und haben sich dann in einem zweiten Durchgang Stichpunkte gemacht? Oder haben Sie mit einem Textmarker beim Durchlesen bereits die wesentlichen Passagen gekennzeichnet?
Ist es Ihnen gelungen, die wesentlichen Inhalte des Textes in vier Sätzen zusammenzufassen? Diese Zusammenfassung könnte beispielsweise so lauten:

Der Karrierebegriff wird in unserer Gesellschaft sehr unterschiedlich definiert und gesehen. Für den Autor bedeutet Karriere das Finden des eigenen Weges auf der Grundlage einer soliden Analyse der eigenen Fähigkeiten, Neigungen und Ziele unter Berücksichtigung der gegebenen Rahmenbedingungen und Möglichkeiten.

Karriereberater können dabei helfen, diesen individuellen Weg zu finden, der sich nicht mehr auf eingefahrene Karrierepfade beschränken muss. Aufgrund der sich schnell verändernden Rahmenbedingungen ist es sogar notwendig, dass mit mehr Flexibilität neue Karrieremuster entstehen und Menschen bereit sind, diese Wege auch zu gehen; damit aus Krisen wie der Arbeitslosigkeit auch neue Chancen entstehen.

Immer wieder üben

Die Fähigkeit, Sachverhalte schnell zu erfassen und auf den Punkt zu bringen, können Sie sehr gut üben. Versuchen beim Lesen von Artikeln in Zeitungen oder Büchern immer wieder, solche kurzen Zusammenfassungen zu machen. Sie werden auch die Lektüre von Fachliteratur wesentlich effizienter gestalten und einen höheren Erkenntnisgewinn erzielen, wenn Sie jeden Abschnitt kurz zusammenfassen. Diese Kernaussagen ergeben in der Summe einen guten Überblick über die Inhalte des Beitrags.

Das sollten Sie in diesem Kapitel erreicht haben

Nach der Bearbeitung dieses Kapitels haben Sie einen Überblick über den Inhalt Ihrer methodischen Werkzeugkiste. Ihnen ist bewusst geworden, dass gerade Ihre Methodenkompetenz die Grundlage für berufliche Flexibilität darstellt, da Sie sich über diese Kompetenz neue inhaltliche Arbeitsgebiete und Branchen erschließen können. Sie haben sich mit Ihrem Arbeitsstil beschäftigt und erkannt, mit welchen „Zeitfressern" Sie jeden Tag zu kämpfen haben und wie Sie sich hier besser organisieren können. Sie haben durch entsprechende Beispiele Anregungen erhalten, wie Sie Ihre Gedanken besser strukturieren können und wie wichtig es ist, Inhalte auf den Punkt bringen.

Wie viel Medienkompetenz besitzen Sie?

Um hier gleich falschen Erwartungen vorzubeugen: In diesem Kapitel geht es nicht in erster Linie darum, Sie auf den professionellen Auftritt vor einer Kamera vorzubereiten (aber auch das soll am Ende des Kapitels noch angesprochen werden).

Definition Medienkompetenz

Medienkompetenz ist hier wesentlich weiter gefasst. Sie beschreibt die Fähigkeit, mit den uns zur Verfügung stehenden Medien effizient umzugehen und diese zielgerichtet einzusetzen.

Medien helfen uns, Informationen auszutauschen. Daher hat Medienkomptenz auch sehr viel mit Kommunikationsprozessen und deren Gestaltung zu tun. Diese Fähigkeit gewinnt immer mehr an Bedeutung. Wie heißt es so schön: Nicht die Großen fressen die Kleinen, sondern die Schnellen fressen die Langsamen. In der Zukunft wird der die Nase vorne haben, dem es gelingt, die entscheidungsrelevanten Informationen schnell und kostengünstig zu erhalten bzw. seine Informationen schnell und kostengünstig an seine Zielgruppe zu bringen. Deshalb wollen wir uns in diesem Kapitel damit beschäftigen, wie gut Sie für diese Herausforderungen gerüstet sind.

Welche Medien nutzen Sie bevorzugt zur Informationsgewinnung?

Eigentlich stellt sich der Prozess der Informationsgewinnung recht einfach dar.
Es gibt eine Informationsquelle, einen Informationsempfänger und eine Information, die mittels eines Mediums transportiert wird.

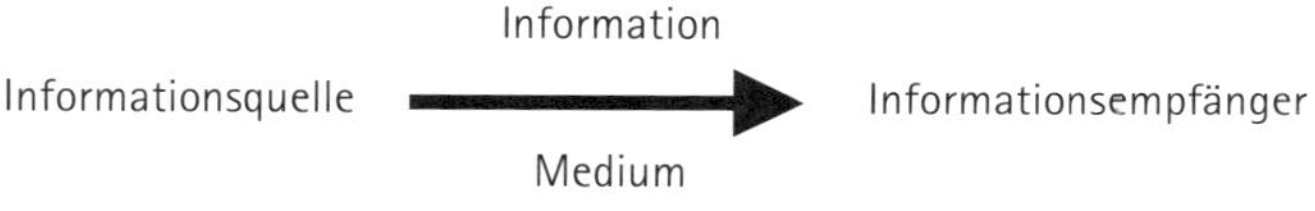

Es gibt eine Vielzahl von Möglichkeiten, wie Sie sich Informationen beschaffen können.

Möglichkeiten der Informationsbeschaffung

- Sie können auf schriftlichem Wege mittels eines Briefes, eines Faxes oder eines Telegramms Informationen anfordern.
- Ihnen stehen elektronische Medien wie E-Mail oder SMS zur Verfügung.
- Sie können das Telefon, Videokonferenzen oder das Medium Fernsehen nutzen und
- natürlich auch die direkte persönliche Kommunikation mittels Sprache, Gestik und Mimik.

Die verschiedenen Medien und Kommunikationsformen eignen sich unterschiedlich gut für die Beschaffung von Informationen.

- Soll es schnell gehen, ist sicherlich eine E-Mail oder SMS das Medium der Wahl.
- Legen Sie Wert darauf, die Informationen in einer besonders ansprechend aufbereiteten Form zu erhalten, beispielsweise

einen hübschen Gedichtband, werden Sie die klassischen Printmedien bevorzugen.

Letztendlich hängt die Wahl des Mediums aber auch von Ihrer persönlichen Präferenz ab, mit welchem Medium Sie besonders gut umgehen können.

Gefahr der Kommunikationsstörungen

Jeder Kommunikationsprozess birgt die Gefahr in sich, dass es zu Kommunikationsstörungen kommen kann. Dies ist dann der Fall, wenn beim Informationsempfänger etwas anderes ankommt, als der Lieferant der Information gemeint hat. Denken Sie nur an Bauanleitungen für Selbstbaumöbel, die für viele „Heimwerker“ nicht nachvollziehbar sind, Beipackzettel von Medikamenten oder die Anleitung Ihres Finanzamtes zum Ausfüllen der Steuererklärung.

Es kann Probleme im technischen Bereich geben, dass beispielsweise eine Leitung defekt ist oder dass ganz bewusst Störungen herbeigeführt werden, wie durch Hacker oder das Versendern von Computerviren.

Auch in der persönlichen Kommunikation gibt es viele Gefahrenquellen, die dazu führen können, dass der Empfänger eine Information völlig anders aufnimmt, als dies der Lieferant beabsichtigt hat. Denken Sie nur an die klassischen Missverständnisse zwischen Männern und Frauen, Technikern und Kaufleuten oder Menschen unterschiedlicher Kulturen.

Also, ganz so einfach, wie sich der Prozess der Informationsgewinnung anfangs dargestellt hat, ist es nun auch nicht. Es gehört eine Menge Medienkompetenz dazu, um die gewünschten Informationen schnell, möglichst fehlerfrei und in der gewünschten Form zu erhalten.

Karrierefaktor 22: Nutzen Sie Medien

10 Min.

Nachfolgend finden Sie eine Reihe von Situationen. Kreuzen Sie jeweils an bzw. schreiben Sie auf, wie Sie sich die benötigten Informationen beschaffen würden.

Situation 1:

Sie arbeiten in der Buchhaltung eines mittelständischen Unternehmens. Ihnen fehlt ein Buchungsbeleg aus dem Bereich Einkauf/Logistik, der sich ebenfalls in Ihrem Bürogebäude befindet. Wie gehen Sie vor?

a) Ich rufe im Bereich an und bitte um Zusendung des Belegs.

b) Ich sende eine E-Mail.

c) Ich gehe kurz bei dem Bereich vorbei.

d) Ich schicke einen Brief und fordere den Beleg schriftlich an.

e) Ich gehe anders vor:______________________________

Situation 2:

Sie wollen sich einen neuen Fernseher kaufen. Wie gehen Sie vor?

a) Ich gehe zum Händler um die Ecke, den ich kenne, lasse mich beraten und kaufe dort.

b) Ich telefoniere mit mehreren großen Anbietern und lasse mir Preise nennen. Ich kaufe dort, wo es am billigsten ist.

c) Ich gehe über eine Preisagentur im Internet und lasse mir die günstigsten Angebot suchen.

d) Ich schaue mir die Werbeprospekte an, die ich im Briefkasten finde, und kaufe bei dem Händler, der das günstigste Angebot hat.

e) Ich gehe anders vor:______________________________

Situation 3:

Sie wollen sich beruflich verändern und suchen eine neue Stelle. Wie gehen Sie vor?

a) Ich kaufe mir die Samstagsausgabe der Zeitung und bewerbe mich auf die ausgeschriebenen Stellen.

b) Ich hinterlege mein Profil in Internet-Jobbörsen und bewerbe mich auch auf dort ausgeschriebene Stellen.

c) Ich recherchiere Unternehmen, die für mich interessant sind, und rufe dort zunächst an, um herausfinden, ob Interesse an meiner Qualifikation besteht.

D) Ich nutze meine bestehenden Kontakte, um eine neue Stelle zu finden.

e) Ich gehe anders vor:________________________________

Situation 4:

Sie sollen eine Marktanalyse über die Wettbewerberprodukte machen. Wie gehen Sie vor?

a) Ich schalte ein Marktforschungsinstitut ein, das diese Erhebung in meinem Auftrag durchführt.

b) Ich besorge mir Wettbewerberprodukte im Handel und untersuche sie im Hinblick auf Qualität, Preis und Nutzen.

c) Ich recherchiere über Datenbanken und das Internet, ob es bereits eine aktuelle Untersuchung in diesem Bereich gibt.

d) Ich befrage Händler zu den Produkten.

e) Ich gehe anders vor:________________________________

Situation 5:

Sie sind neu in eine Stadt gezogen und suchen einen Zahnarzt. Wie gehen Sie vor?

a) Ich schaue im Branchenbuch nach und gehe zu dem Zahnarzt, der am nächsten ist.

b) Ich frage Nachbarn oder Kollegen, wen sie mir empfehlen können.

c) Ich gehe vorab zu verschiedenen Zahnärzten und verschaffe mir einen persönlichen Eindruck, bevor ich mich für einen entscheide.

d) Ich probiere mehrere Zahnärzte aus und bleibe bei dem, zu dem ich das meiste Vertrauen habe.

e) Ich gehe anders vor:________________________________

Lösung

Karrierefaktor 22: So nutzen Sie Medien

Für die meisten Situationen gibt es keine richtige oder falsche Vorgehensweise. Es hängt sehr stark von der persönlichen Präferenz, aber auch von den jeweiligen Gegebenheiten ab, was sinnvoll bzw. effizient ist.

Situation 1

Nehmen wir Situation 1: Wenn Sie mit dem Bereich Einkauf schon schlechte Erfahrungen gemacht haben und wissen, dass die Mitarbeiter auf E-Mails gar nicht reagieren, werden Sie dort vielleicht eher kurz vorbeischauen, um schnell an den benötigten Beleg zu kommen. Vielleicht ist es auch eine willkommene Gelegenheit, die Mitarbeiter aus diesem Bereich besuchen zu können?

Situation 2

Auch in Situation 2 hängt die sinnvolle Medienwahl von den Rahmenbedingungen ab. Wenn z. B. Ihre 80-jährige Mutter, die 300 Kilometer entfernt wohnt, einen neuen Fernseher möchte, wird es durchaus sinnvoll sein, das Gerät beim Händler um die Ecke zu kaufen. Denn nur er wird das Gerät anliefern, es einstellen, ihr die Bedienung erklären und das Altgerät mitnehmen. Außerdem wird er bei Problemen mit dem Gerät vorbeikommen und ggf. ein Ersatzgerät stellen. Auch wenn die Beschaffung über diesen Weg sicherlich teurer ist als über eine Preisagentur, wird sich der Mehrpreis in diesem Fall lohnen.

Situation 3

In Situation 3 hängt die Wahl des Mediums auch davon ab, in welcher Branche Sie sich bewerben, welche Qualifikation Sie haben und wie gut Ihre bestehenden Kontakte sind.

Situation 4

In Situation 4 wird Ihr Budget einen starken Einfluss auf Ihr Vorgehen haben. Die Einschaltung eines Marktforschungsinstituts ist mit recht hohen Kosten verbunden und setzt auch einen gewissen zeitlichen Rahmen voraus, der gegeben sein muss.

Situation 5

Ihr Verhalten in Situation 5 schließlich wird auch davon beeinflusst sein, ob Sie in der Vergangenheit schon schlechte Erfahrungen mit Zahnärzten gemacht haben.

Verhaltensmuster erkennen

Viele Aspekte beeinflussen Ihre Medienwahl. Und dennoch lassen sich in unserem Verhalten bestimmte Muster erkennen. Wichtig ist, dass Sie sich anhand der Beispiele überlegen, wie Ihr bevorzugtes Verhalten bei der Informationsgewinnung aus-

sieht. Haben Sie bestimmte Verhaltensmuster, die immer wieder auftreten? Für viele Menschen ist beispielsweise das Telefon das gängigste und beliebteste Medium, um sich Informationen zu beschaffen. Andere meiden es, so gut es geht, weil sie sich damit unwohl fühlen. Zunehmend nutzen Menschen das Internet, um ihren Informationsbedarf zu stillen, weil es rund um die Uhr zur Verfügung steht und eine gewisse Anonymität bietet. Je sicherer Sie die Palette der zur Verfügung stehenden Medien beherrschen, desto spezifischer können Sie deren Auswahl auf die konkrete Aufgabenstellung ausrichten.
Bei der Medienwahl gibt es deshalb vier zentrale Aspekte:

Vier zentrale Aspekte

1. Analyse des Problems bzw. der Aufgabenstellung
2. Überlegung, welche Medien zur Bearbeitung in Frage kommen
3. Auswahl des passenden Mediums
4. Einsatz des Mediums

Der souveräne Umgang mit Medien setzt deshalb voraus, dass Sie sich zunächst einen Überblick verschaffen, welche Medien Ihnen zur Verfügung stehen.
Dann gilt es zu entscheiden, welches Medium in der jeweiligen Situation das am besten geeignete ist. Es gibt Manager, die steigen morgens um acht Uhr in ein Flugzeug nach New York, nur um dort einen Vertrag zu unterschreiben, diesen mit einem „hand-shake“ noch zu bestätigen und dann zwei Stunden später wieder nach Hause zu fliegen. Sie meinen, das sei verrückt? Wenn es sich um ein wichtiges Projekt handelt, bei dem es darum geht, Vertrauen aufzubauen und persönliches Commitment zu vermitteln, kann diese Vorgehensweise durchaus sinnvoll und eine gute Investition sein. Wenn Sie beispielsweise Ihrem Partner oder Ihrer Partnerin eine Liebeserklärung zukommen lassen wollen, ist der klassische Liebesbrief mit persönlicher Unterschrift passender als eine E-Mail-Nachricht. Die richtige Medienwahl hängt also sehr stark von der jeweiligen Situation ab.
Und schließlich sollten Sie in der Lage sein, das gewählte Medium auch zu nutzen. Hierzu werden beispielsweise schon Seminare angeboten. Für viele ältere Menschen stellt die Um-

stellung der Banken auf Selbstbedienungsterminals, an denen Überweisungen getätigt oder Kontoauszüge abgerufen werden können, ein großes Problem dar. Wer nicht gelernt hat, mit dem PC umzugehen, wird in vielen Lebensbereichen auf Probleme stoßen, da die Beherrschung dieses Mediums heute als etwas ganz Selbstverständliches vorausgesetzt wird. Selbst vermeintlich einfache berufliche Tätigkeiten z. B. im Lager erfordern heute PC-Grundkenntnisse.

Wenn Sie beispielsweise zu dem Ergebnis kommen, dass eine Videokonferenz für Sie das geeignete Medium ist, sollten Sie wissen, wie so etwas funktioniert, und die entsprechende Infrastruktur besitzen bzw. ein Unternehmen an der Hand haben, das eine Videokonferenz für Sie durchführt.

Gleiches gilt für Anwendungen im Internet. Es reicht nicht, dass Sie schon einmal etwas von einer Preisagentur gehört haben. Wichtig ist, dass Sie wissen, wie Sie einen solchen Dienstleister finden und wie die „Spielregeln“ aussehen. Wenn Sie sich beispielsweise den boomenden E-Bay-Markt ansehen, also eine internetbasierte Kauf-Verkaufs-Börse, dann ist für die professionelle Nutzung schon ein ganz schönes Know-how nötig. Hierzu werden teilweise schon Seminare angeboten.

Karrierefaktor 23: Beherrschen Sie das Medium Telefon sicher

Wenn es um das Medium Telefon geht, nimmt die Frage, ob Sie mit Ihrer Stimme „lächeln" können, eine zentrale Rolle ein. Beantworten Sie die nachfolgenden Fragen, um Ihre Kompetenz im Umgang mit diesem Medium besser einschätzen zu können:

- Wie viel Zeit verbringen Sie am Tag mit Telefonieren?
- Wozu nutzen Sie das Telefon hauptsächlich?

  private Kontaktpflege

  berufliche Kontaktpflege

  Kontaktanbahnung (outbound, z. B. Telefonmarketing)

  Anfragen

  Rückfragen

  Reklamationen

  Beantwortung von Anfragen oder Rückfragen (inbound, z. B. Servicecenter)
- Rufen Sie mehr an oder werden Sie häufiger angerufen?
- Was gefällt Ihnen an der Nutzung dieses Mediums?
- Was finden Sie an diesem Medium nicht so gut?
- Gelingt es Ihnen bei einem telefonischen Erstkontakt schnell einen Draht zu Ihrem Gesprächspartner zu finden?
- Fällt es Ihnen schwer mit Menschen zu telefonieren, die Sie bisher nicht persönlich kennen?
- Halten Sie das Telefon für ein effizientes Medium zur Zielerreichung?
- Können Sie Menschen gut anhand deren Stimme einschätzen?
- Können Sie Emotionen über das Medium Telefon transportieren?
- Wurden Sie schon im Telefonieren geschult (Telefontraining)?
- Besitzen Sie berufliche Erfahrung mit der Arbeit in einem Call-Center?

Karrierefaktor 23: So beherrschen Sie das Medium Telefon sicher

Welche Erkenntnisse konnten Sie aus der Beantwortung der obigen Fragen gewinnen? Ist das Telefon ein bevorzugtes Medium von Ihnen? Kommen Sie zu dem Ergebnis, dass Sie dieses Medium auch gut beherrschen?

Falls Sie insbesondere bei der Beantwortung dieser letzten Frage unsicher sind, sollten Sie Freunde und Kollegen hierzu befragen. Sie können auch einmal einen Test machen, indem Sie z. B. auf eine Stellenausschreibung zunächst anrufen und versuchen, einen Vorstellungstermin zu kommen.

Nachfolgend eine kleine Checkliste, quasi ein Mini-Telefontraining:

Checkliste: Telefontraining

Was	ja	nein
Achten Sie auf Ihre innere Einstellung beim Telefonat. Freuen Sie sich darauf, mit diesem Menschen sprechen zu können. Ihr Gesprächspartner merkt, wenn Sie unkonzentriert, nervös oder lustlos sind.	✓	
Führen Sie erst geschäftliche Telefonate, wenn Ihre Stimme „gut geschmiert" ist, d. h. nicht direkt nach dem Aufstehen telefonieren. Am besten machen Sie einige Stimmübungen oder führen zunächst ein privates Telefonat, auf das Sie sich freuen.		
Wenn es um wichtige geschäftliche Telefonate geht, achten Sie darauf, dass Sie sich in Ihrer Kleidung wohl fühlen. (Bei Bewerbungstelefonaten wird häufig empfohlen, in dem Outfit zu telefonieren, in dem Sie auch zum Vorstellungsgespräch gehen würden.)		

Wenn Sie selbst anrufen		
Fragen Sie zunächst den Gesprächspartner, ob er kurz Zeit hat oder Sie mit Ihrem Anruf gerade z. B. in einer Besprechung stören. Falls dies der Fall ist, schlagen Sie einen konkreten Termin vor, zu dem Sie nochmals anrufen können. (Kann ich Sie morgen um Viertel vor 9 nochmals anrufen?)		
Seien Sie freundlich, haben Sie ein Lächeln in Ihrer Stimme!		
Wenn Sie angerufen werden		
Geben Sie Ihrem Gesprächspartner das Gefühl, dass Sie sich über seinen Anruf freuen, und drücken Sie dies auch sprachlich aus.		
Sofern Sie angerufen werden und Ihr Gesprächspartner verärgert ist (Reklamation), bleiben Sie auf jeden Fall ruhig, damit der Anrufer zunächst seinen Dampf ablassen kann.		
Zeigen Sie Verständnis für die Situation Ihres Gesprächspartners.		
Versuchen Sie, den genauen Sachverhalt zu hinterfragen.		
Zeigen Sie Lösungsmöglichkeiten auf.		
Bedanken Sie sich zum Abschluss für das Gespräch.		

Karrierefaktor 24: Verhelfen Sie Ihren Vorträgen und Präsentationen zu mehr Pfiff

20 Min.

Sie haben die Aufgabe, beim Besuch eines potenziellen Großkunden Ihr neuestes Produkt vorzustellen. Für Ihre Präsentation stehen Ihnen 20 Minuten zur Verfügung. Wie gestalten Sie die Präsentation, damit Sie den Kunden für Ihr Produkt begeistern können?

Karrierefaktor 24: So verhelfen Sie Ihren Vorträgen und Präsentationen zu mehr Pfiff

Sicherlich, zunächst sollte das Produkt selbst so innovativ und interessant sein, dass Sie überhaupt Argumente zur Verfügung haben. Dennoch reichen die Fakten in der Regel nicht aus, damit der Funke überspringt. Der Einsatz von Medien kann hier helfen.
Zunächst sollten wir uns nochmals bewusst machen, wie Informationen überhaupt aufgenommen werden.

Wie werden Informationen aufgenommen?

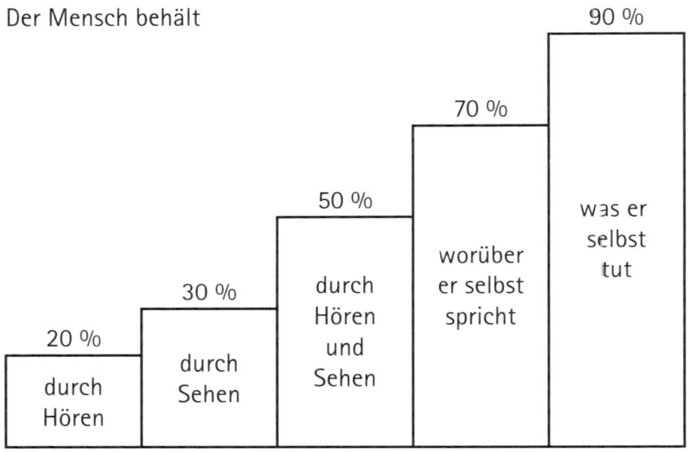

Mehrere Sinne ansprechen

Vor diesem Hintergrund ist es wichtig, dass Sie mit Ihrer Präsentation mehrere Sinne ansprechen und die Kunden aktiv in die Präsentation einbeziehen.

Visualisierung

Das Thema Visualisierung, d. h. die Unterstützung des gesprochenen Wortes durch Bilder und Grafiken, haben wir bereits bei der Methodenkompetenz angesprochen. Welche Möglichkeiten der Visualisierung bieten sich für Ihren Vortrag?
Die am häufigsten gewählte Variante sind sicherlich Charts. Früher als Folien für den Tageslichtprojektor, heute vorwiegend elektronisch als Beamerpräsentation stellen sie sicherlich 80 Prozent aller Visualisierungen dar. Charts bieten zahlreiche Fehlerquellen. Bei Beamerpräsentationen haben selbst IT-Profis bisweilen ihre liebe Not, die Übertragung der Daten vom

Laptop auf den Beamer immer sicherzustellen. Daher ist es sinnvoll, nach wie vor einen Foliensatz mit den Daten als Backup zur Verfügung zu haben.
Auch bei der Gestaltung der Charts sollten Sie einige Grundsätze beachten:

Checkliste: Gestaltung von Charts

Was	ja	nein
Verwenden Sie maximal zehn Zeilen pro Chart.	✓	
Formulieren Sie keine ganzen Sätze, sondern nur Stichworte.		
Sorgen Sie für Visualisierung und Auflockerung durch Bilder und Grafiken.		
Strukturieren Sie den Text durch Einrücken.		
Achten Sie auf Schriftgröße und Dicke der Linien.		
Achten Sei bei Farbhinterlegung auf gute Lesbarkeit.		

Checkliste: Präsentation

Was	ja	nein
Verwenden Sie nicht zu viele Charts – weniger ist mehr (max. eine Folie pro Minute).	✓	
Sprechen Sie immer zum Publikum.		
Stellen Sie sich nicht vor den Chart, sonst besteht die Gefahr, dass Zuhörern die Sicht verdeckt wird.		
Heben Sie Fakten eindeutig mittels Laserstrahl oder Zeigestab hervor.		
Planen Sie Sprechpausen ein, damit die Zuhörer die Charts inhaltlich aufnehmen können.		
Bereiten Sie Einstiegs- und End-Charts vor.		

Chartpräsentationen gehören mittlerweile zum „Standard“ und verursachen bei den Zuhörern oftmals eher Langeweile, besonders wenn sie mit Charts „erschlagen" werden. Daher sollten Sie sich überlegen, wie Sie durch andere Visualisierungstechniken, die nicht so häufig zum Einsatz kommen bzw. den Zuhörer eher überraschen und mehr Aufmerksamkeit erzielen können. Hier einige Vorschläge zur Visualisierung:

Flipchart

- Erarbeiten Sie Kernaussagen am Flipchart. Indem Sie mit den Zuhörern Gedanken Schritt für Schritt am Flipchart visualisieren, erreichen Sie eine höhere Aufmerksamkeit, als wenn Sie fertige Statements präsentieren. Erhöht wird diese Wirkung noch, wenn Sie in einem abgedunkelten Raum mit fluoreszierenden Farben arbeiten.

Anschauungsobjekte

- Verwenden Sie Anschauungsobjekte. Besser als Bilder sind reale Gegenstände, die zur Veranschaulichung dienen. Die Wirkung wird noch erhöht, wenn die Zuhörer die Gegenstände selbst in die Hand nehmen können.

Hand-outs

- Verteilen Sie Hand-outs. Indem Sie den Zuhörern eine kurze Zusammenfassung dessen, was Sie präsentieren, an die Hand geben, haben sie die Chance, sich im Nachgang nochmals mit Ihren Kernaussagen zu beschäftigen.

Filmsequenzen

- Zeigen Sie Filmsequenzen oder machen Sie eine Live-Vorführung. Je lebendiger Sie Ihr Produkt darstellen, desto besser. Bauen Sie Effekte ein, die den Zuschauern im Gedächtnis bleiben.

Einbeziehung von Effekten

Neben der Visualisierung ist die Einbeziehung von Effekten wie Sound, Licht, Nebel oder Gerüche denkbar. Je mehr Sinne Sie ansprechen, desto eindringlicher wird Ihre „Botschaft" wahrgenommen.

Das Publikum aktiv beteiligen

Die wohl wirkungsvollste Form des Informationstransports ist die aktive Beteiligung des Publikums. Geben Sie dem Publikum die Möglichkeit, Fragen zu stellen und zu diskutieren. Und vor allem: Lassen Sie Ihr Publikum selbst etwas tun. Wenn Sie beispielsweise ein Produkt präsentieren, geben Sie den Zuschauern die Möglichkeit, es selbst auszuprobieren oder anzuwenden.

Sicherlich hängt der Medieneinsatz stark von der Veranstaltung und vom Rahmen ab. Je größer die Palette der Ihnen zur Verfügung stehenden und von Ihnen beherrschten Medien ist, desto spezifischer können Sie diese auf die einzelne Veranstaltung anpassen.

Wie geben Sie Informationen weiter?

Fallbeispiel

Andrea Stern, Sachbearbeiterin Versand, wird von ihrem Chef, dem Leiter Versand, gebeten, eine Ausarbeitung über die veränderten Exportregelungen aufgrund der EU-Erweiterung und der damit verbundenen Änderungen für das Versandgeschäft zu machen. Aus dieser Ausarbeitung soll eine Entscheidungsvorlage für den Leiter Vertrieb erarbeitet werden.

Karrierefaktor 25: Werden Sie sich über Aufbau und Gestaltung einer Ausarbeitung klar

Training

Wie sollte Andrea Stern aus dem obigen Beispiel Ihrer Meinung nach vorgehen?

Lösung

Karrierefaktor 25: So werden Sie sich über Aufbau und Gestaltung einer Ausarbeitung klar

Die Informationsweitergabe mittels einer schriftlichen Ausarbeitung ist im Berufsleben sehr üblich. Wie die Ausarbeitung aussieht, hängt zunächst davon ab, wer der Adressat ist. In unserem Beispiel ist die Ausarbeitung für den direkten Vorgesetzten bestimmt. Das bedeutet, dass sie die Veränderungen auf der Grundlage der bisherigen Regelungen aufzeigen sollte. Gleichzeitig sollte sie beschreiben, welche Veränderungen in der Abwicklung sich daraus ergeben. Sofern es alternative Vorgehensweisen gibt, sollte sie diese beschreiben und mit ihren Vor- und Nachteilen bewerten. Schließlich sollte sie aus der Perspektive der Expertin einen Vorschlag machen, wie zukünftig auf der Grundlage der neuen Situation verfahren werden soll.
Dieses Vorgehensschema stellt sich dann wie folgt dar:

To Do

So gehen Sie vor

- Beschreiben Sie die Ist-Situation.
- Zeigen Sie die Änderungen auf.
- Zeigen Sie die Konsequenzen für die firmeninternen Prozesse auf.
- Zeigen Sie die alternativen Vorgehensweisen mit ihren möglichen Risiken und Vorteilen auf, möglichst mit einer kostenmäßigen Bewertung.
- Machen Sie einen Vorschlag für die zukünftige Vorgehensweise.

Wie umfangreich Andrea Stern die Sachverhalte beschreibt, hängt sehr stark vom Informationsbedarf der Zielperson ab. Da die Ausarbeitung für Ihren direkten Vorgesetzten, den Leiter des Versandes ist, kann sie davon ausgehen, dass er mit dem fachlichen Hintergrund und den Fachbegriffen vertraut ist. Die Ausarbeitung sollte demnach noch einen recht hohen Detaillierungsgrad besitzen, damit er genügend Informationen erhält, um den Sachverhalt komplett verstehen zu können und eine Chance hat, Denkfehler oder Unschlüssigkeiten in der Ausar-

beitung zu entdecken. Dies bedeutet jedoch nicht, dass Andrea Stern ihrem Chef sämtliche Gesetzestexte und Ausführungsrichtlinien mit in die Ausarbeitung packen soll. Sie benötigt jedoch diese detaillierten Unterlagen, um sich selbst umfassend mit der Materie auseinander zu setzen.
Was ihren Chef besonders interessiert, sind die Konsequenzen, die sich aus den Veränderungen für die Abläufe im Unternehmen ergeben. Er seinerseits muss aus der Ausarbeitung eine Entscheidungsvorlage für seinen eigenen Chef erarbeiten, die einen deutlich höheren Abstrahierungsgrad aufweist und wesentlich kompakter ist. Schließlich kennt sich der Leiter Vertrieb in den Details nicht so aus. Soll er auch nicht, dafür hat er ja Experten, die ihm die Informationen so aufbereiten und ihm einen Vorschlag unterbreiten, dass er daraus eine unternehmerische Entscheidung treffen kann.
Verlassen wir das Beispiel Andrea Stern und betrachten wir verallgemeinernd den Grundsatz für die Weitergabe von Informationen:

Grundsatz für die Weitergabe von Informationen

> Je höher eine Person in der Hierarchie angesiedelt ist, desto kompakter und komprimierter benötigt sie Informationen.

Detaillierungsgrad an der Zielgruppe ausrichten

Das bedeutet, dass Sie den Umfang und den Detaillierungsgrad einer Ausarbeitung sehr stark an der Zielgruppe ausrichten sollten. Umfasst das ursprüngliche Zusammentragen und Bewerten des Sachverhalts beispielsweise acht Seiten, gilt es, diese auf maximal die Hälfte zu komprimieren, wenn die Daten an die nächste Stufe weitergegeben werden, in der Grafik auf Seite 104 ist dies das Projektteam. Es hinterfragt und bewertet die Ausarbeitung unter Berücksichtigung übergeordneter Erkenntnisse und fasst diesen Stand für die Weitergabe an den Projektleiter wiederum zusammen. Beim Leitungskreis kommt nur noch eine so genannte „Executive Summary", also eine Kurzzusammenfassung an, die es ihm ermöglicht, eine unternehmerische Entscheidung zu treffen.

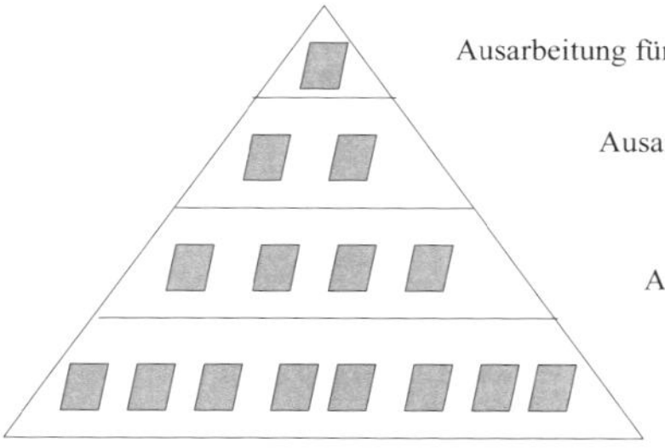

Überlegen Sie sich, wie Sie bisher Ihre Informationen weitergegeben haben. Probieren Sie die hier beschriebene Vorgehensweise an einem eigenen Beispiel aus Ihrem Arbeitsbereich aus.

Wie schützen Sie sich vor der Informationsflut?

Wir befinden uns im Informationszeitalter. Gerade durch die neuen Medien wie Internet usw. können wir in sehr kurzer Zeit so ziemlich jede Information beschaffen. Die Kehrseite der Medaille ist, dass wir von einer Flut von Informationen überschüttet werden.

Viele Befragungen in Unternehmen belegen, dass die Menge an Informationen, die täglich auf die Menschen einstürzt, häufig als Belastung empfunden wird. Es fällt schwer, die wichtigen von den unwichtigen Informationen zu unterscheiden, ohne alle zunächst kurz angesehen zu haben. Häufig besteht auch die Angst, dass man vor lauter Bäumen den Wald nicht mehr sieht, sprich die wesentlichen Informationen gar nicht mehr bewusst aufnimmt. „Quick and dirty" ist nicht nur in den Medienbereichen ein geflügeltes Wort: Informationen einfach schnell „rausschießen", ohne zu hinterfragen, was für die Zielgruppe wirklich wichtig und relevant ist. Daher ist es für den einzelnen Nutzer von Medien von immer größerer Bedeutung, dass er für sich Mechanismen findet, die ihn vor der Informationsflut schützen, ohne ihn von wichtigen Informationen abzuschneiden. Genau darum geht es bei der Medienkompetenz. Um dabei zielgerichtet Handlungsalternativen entwickeln zu können, sollten Sie zunächst einmal darüber nachdenken, welche Informationen Sie tagtäglich aufnehmen bzw. verarbeiten müssen.

Karrierefaktor 26: Werden Sie sich klar, welchen Informationen Sie ausgesetzt sind

Training

Um sich Ihre derzeitige Situation bewusst machen, beantworten Sie bitte die nachfolgenden Fragen:

- Wie viel Zeit verbringen Sie täglich mit der Lektüre von Zeitungen, Fachzeitschriften und Fachbüchern?
- Wie viel Zeit verbringen Sie mit Ihrem Posteingang?
- Wie viel Zeit verwenden Sie täglich für das Lesen und Abarbeiten von E-Mails?
- Wie viele E-Mails erhalten Sie pro Tag?
- Wie viele sind davon nur zu Ihrer Kenntnis, d. h. Sie sind nicht der eigentliche Adressat?
- Wie viele Spam-E-Mails (Werbung) erhalten Sie täglich?
- Wie viel Prozent der E-Mails, die Sie erhalten, sind Ihrer Meinung nach so wichtig, dass Sie ohne diese Information Ihren Job nicht gut machen könnten?
- Wie viele SMS erhalten Sie am Tag?
- Wie viel Zeit verbringen Sie täglich vor dem Fernseher mit Nachrichten- und Informationssendungen?

Erstellen Sie einen Plan, durch welche konkreten Maßnahmen Sie zukünftig die Informationsflut für sich eindämmen möchten. Untergliedern Sie nach den einzelnen Medien: Zeitungen, Postwerbung, E-Mail, Fax, SMS, Fernsehen.

Lösung

Karrierefaktor 26: So werden Sie sich klar, welchen Informationen Sie ausgesetzt sind

Sie finden Werbung in Ihrem Briefkasten, Nachrichten im Posteingang oder in Ihrer E-Mail-Box und eine ununterbrochene Informationsflut auf dem Fernsehbildschirm, bei dem teilweise neben der eigentlichen Sendung noch zwei Informationen gleichzeitig als untere Bildlaufleisten übermittelt werden.

Wir werden überschüttet von Informationen. Insbesondere die neuen Medien wie Internet, SMS und E-Mails tragen zu dieser Entwicklung einen großen Teil bei.

Wenn Sie sich Ihre Antworten zu den obigen Fragen einmal näher anschauen, wie viel Zeit verwenden Sie dann täglich auf das Lesen und Verarbeiten von Informationen? Mehr als drei Stunden? Mehr als fünf Stunden? Oder gar sieben Stunden am Tag? Hinterfragen Sie jetzt einmal kritisch, wie viele Informationen es wert waren, von Ihnen aufgenommen zu werden, d. h. welche Informationen Sie für sich zielgerichtet verwerten konnten. Wie sieht die Bilanz dann aus?

Zeitfresser E-Mails

Ich befrage regelmäßig Führungskräfte, wie viele E-Mails sie so am Tag bekommen und wie viele davon so wichtig waren, dass sie ohne diese Information ihren Job nicht hätten gut erledigen können. Diese Frage war auch oben in der Auflistung dabei. Wie lautete Ihre Antwort? Ich erhalte immer einen Wert um die zehn Prozent. Das bedeutet, dass 90 Prozent der eingehenden E-Mails Zeitfresser sind und die Menschen von ihrer eigentlichen Arbeit abhalten. Warum ist das so?

Es hängt sicherlich damit zusammen, dass es viel zu einfach ist, Tausende von Seiten an Informationen an einen Verteiler von Tausenden von Menschen mit nur einem Mausklick zu verschicken. Hinzu kommt die Absicherungsmentalität in unserer Arbeitswelt nach dem Motto: Es soll sich doch nachher keiner beschweren können, dass er nicht informiert war! Also lieber ein paar mehr Leute in den Verteiler aufnehmen als zu wenig.

Wie können Sie sich schützen?

Die Frage stellt sich nun: Wie schützen Sie sich vor dieser Informationsflut? Unter dem Aspekt der Medienkompetenz, die wir in diesem Kapitel ja näher betrachten, geht es darum, die einzelnen Medien besser in den Griff zu bekommen, sich Informationen fern zu halten, die man nicht haben möchte. Eine Möglichkeit bezüglich ungewollter E-Mails besteht darin, bestimmte Filter vorzuschalten oder Firewalls einzurichten, die z. B. Spams oder Nachrichten mit bestimmten Inhalten bzw. von bestimmten Absendern abfangen.

Der E-Mail-Flut Herr werden

Praxis-Beispiel

Der Bereichsleiter Einkauf eines großen Konzerns ist einen sehr unkonventionellen Weg gegangen, um sich vor der riesigen E-Mail-Flut seiner einzelnen Einkaufsbereiche zu schützen. Er erhielt ständig E-Mails nur zur Kenntnis geschickt, von denen er nicht wusste, warum er sie bekam und welche Informationen speziell für ihn bestimmt waren. Die E-Mails enthielten große Anlagedateien in Excel mit Kalkulationen, bei denen er keine Chance hatte, die kritischen Punkte zu identifizieren. Um sich von dieser Flut zu befreien, lud er jeden Versender einer solchen E-Mail, die er nur zur Kenntnis bekam, zu sich ein. Er fragte die Versender, weshalb sie ihm die E-Mail geschickt hatten und was er damit tun solle. Die wenigsten hatten ganz konkrete Antworten parat, viele wollten sich nur bei ihm ins Gedächtnis bringen oder sich absichern. Da bat er sie darum, sie mögen ihm doch zukünftig nur E-Mails schicken, die direkt an ihn adressiert seien und kurz darauf hinwiesen, warum er in diese Angelegenheit involviert sein solle und ob der Absender eine Entscheidung von ihm erwarte. Mit dieser Aktion gelang es ihm, sich von der enormen E-Mail-Flut zu befreien und seine Mitarbeiter zu disziplinieren.

Karrierefaktor 27: Surfen Sie souverän im Internet

Training

Das Internet ist als Quelle für unsere Informationsgewinnung nicht mehr wegzudenken. Ob in der Schule, im Studium, am Arbeitsplatz oder in der Freizeit: „Ich schau mal schnell im Internet nach!" lautet häufig die Antwort.

Testen Sie mit den nachfolgenden Fragen Ihre Souveränität beim Surfen im Internet.

1) Suchen Sie einen Lieferanten von italienischem Marmor, der maximal 50 Kilometer von Ihrem Wohnort entfernt ist.
2) Suchen Sie eine Internet-Site, auf der Sie einen Gehaltsvergleich vornehmen können, d. h. Informationen bekommen, was Menschen mit vergleichbarer Qualifikation wie Sie so verdienen.
3) Suchen Sie einen Reiseveranstalter, der Radtouren durch Russland anbietet.
4) Suchen Sie den Namen des Torschützenkönigs der letzten Fußballweltmeisterschaft.
5) Suchen Sie ein Kino, das maximal 20 Kilometer von Ihnen entfernt ist und einen englischsprachigen Film zeigt.
6) Suchen Sie Informationen über die aktuell absetzbaren Beträge für Fahrten zwischen Wohnung und Arbeitsstätte in Ihrer Steuererklärung.
7) Suchen Sie ein aktuelles Urteil zum Thema Kündigung von Wohnraum zu Zwecken des Eigenbedarfs, wenn der Mieter schon mehr als 20 Jahre in der Wohnung gewohnt hat.
8) Suchen Sie eine Newsgroup, die sich mit dem Thema Neurodermitis beschäftigt.
9) Versuchen Sie, über E-Bay einen Gegenstand zu verkaufen, den Sie nicht mehr benötigen.
10) Lassen Sie sich in den Verteiler eines Newsletters aufnehmen, der über ein Thema Ihrer Wahl regelmäßig informiert.

Lösung

Karrierefaktor 27: So surfen Sie souverän im Internet

Sind Sie überall fündig geworden? Wie lange haben Sie für die Suche gebraucht? Und sind Sie mit Ihren Ergebnissen zufrieden?

Suchmaschinen

Das souveräne Navigieren im Internet lässt sich zum einen dadurch erreichen, dass Sie sich mit der Such-Syntax der unterschiedlichen Suchmaschinen vertraut machen. Sammeln Sie Erfahrung, welche Suchmaschine Sie in der Regel am schnellsten

zum Ziel führt. Am einfachsten ist es, einen entsprechenden Kurs z. B. in der Volkshochschule oder bei einem Computer-Trainingsunternehmen zu besuchen. Niemand ist zu jung oder zu alt dafür.
Hier noch ein paar Tipps zum Surfen im Internet:

Checkliste: Surfen im Internet

Was	ja	nein
Grenzen Sie Ihre Suchbegriffe möglichst eng ein, um die Anzahl der Treffer zu reduzieren.	✓	
Begrenzen Sie die Zeit, die Sie beabsichtigen zu surfen, damit Sie sich nicht darin verlieren.		
Halten Sie interessante Seiten oder Suchwege als Bookmarks fest, um zu einem späteren Zeitpunkt wieder darauf zurückkommen zu können.		
Nutzen Sie z. B. bei der Stellensuche so genannte Megasuchmaschinen, die übergreifend, d. h. auf mehrere Informationsquellen zugreifen.		
Lernen Sie die Netiquets, das sind Höflichkeitsregeln und Symbole für den Ausdruck von Gefühlen im World Wide Web.		

Sind Sie ein Medienprofi?

Wenn wir uns mit dieser Frage beschäftigen, sollten wir zunächst einmal klären, was wir unter einem Medienprofi verstehen. Welchen der folgenden Begriffe verbinden Sie damit?

Souveränes Auftreten

Sicherlich gehören eine souveräne Körpersprache, ein gepflegtes Äußeres, ein sicheres Auftreten, Wortgewandtheit, eine deutliche Artikulation und auch strategisches Denken, um sein Verhalten zielgerichtet steuern zu können, zu den Grundeigenschaften eines Medienprofis. Spontanität ist hier auch hilfreich, um in überraschenden Situationen schnell reagieren zu können. Und vor allem bedarf es viel Erfahrung, um sich auf dem Parkett der Öffentlichkeit, sei es vor der Kamera, bei Auftritten vor großem Publikum oder auch in Diskussionen, souverän und sicher zu bewegen.

Flüssig reden, aber nicht zu viel

Auch wenn man im Fernsehen manchmal den Eindruck gewinnen kann, dass es sich bei Medienprofis um Vielredner handelt, so ist das Reden ohne Punkt und Komma sicherlich nicht immer förderlich. Natürlich sollten Sie in der Lage sein, flüssig zu sprechen, indem Sie aber andere in Grund und Boden reden und nicht mehr zu Wort kommen lassen, werden Sie auch beim Publikum keine Sympathiepunkte sammeln können.

Gleiches gilt für den Begriff des Angebers. Arroganz und ein großspuriges Auftreten führen meistens dazu, dass Zuhörer nur darauf warten, dass etwas daneben geht. Dann stellt sich Schadenfreude ein.

Wer zu impulsiv losstürmt und seine Emotionen nicht unter Kontrolle halten kann, setzt sich in den Medien ebenfalls einer großen Gefahr aus, nämlich bewusst provoziert zu werden, nach dem Motto: „Komm, jetzt lassen wir ihn mal wieder hochgehen!“.

Karrierefaktor 28: Lernen Sie, Ihre Mediengewandheit einzuschätzen

Training

Hier einige Fragen, mit denen Sie Ihre Kompetenz auf diesem Gebiet hinterfragen können:

- Reden Sie gerne auch vor größerem Publikum?
- Wie waren bisher die Rückmeldungen bei solchen Auftritten?
- Werden Sie immer wieder gebeten, öffentlich aufzutreten?
- Haben Sie sich schon einmal selbst mittels einer Videoaufzeichnung beobachten können?
- Setzen Sie Körpersprache gezielt zur Untermalung Ihrer Ausführungen ein?
- Haben Sie eine deutliche Aussprache?
- Können Sie akzentuiert sprechen d. h. Ihre Spechgeschwindigkeit und Lautstärke variieren?
- Haben Sie Ihr Publikum im Blick und sprechen es gezielt an?
- Können Sie mit Angriffen und Zwischenrufen souverän umgehen?
- Sind Sie sich Ihrer Wirkung auf andere bewusst?

Karrierefaktor 28: So lernen Sie, Ihre Mediengewandheit einzuschätzen

Für die Erreichung Ihrer beruflichen Ziele ist es sehr hilfreich, wenn Sie sich sicher und souverän in der Öffentlichkeit präsentieren können. Ihr diesbezügliches Verhalten hat einen hohen Einfluss auf die Wirkung, die Sie bei anderen erzielen.
Nach einer amerikanischen Untersuchung setzt sich das Meinungsbild, das andere über einen Menschen haben, wie folgt zusammen.

Zusammensetzung des Meinungsbilds über andere

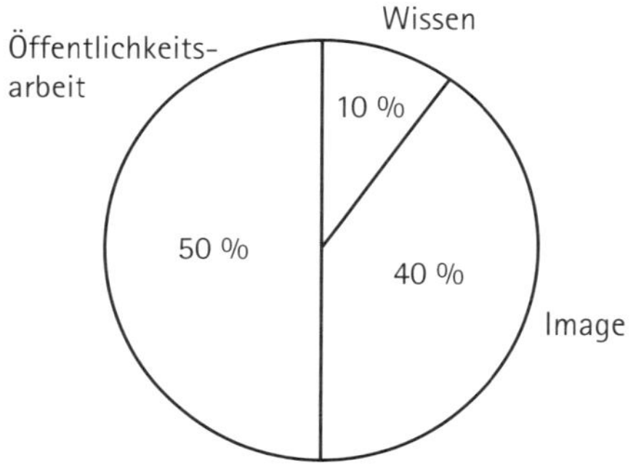

Den größten Einfluss hat die Öffentlichkeitsarbeit, also die Art und Weise, wie ein Mensch sich und seine Argumente präsentiert. Wenn wir uns die Wahlkampfdebatten im Fernsehen ansehen, wird dieses Ergebnis sicherlich deutlich unterstrichen. Das Duell der Spitzenkandidaten ist ein echtes „Medienspektakel"; nicht die sachlichen Argumente zählen, sondern die Wirkung, die die Kandidaten beim Publikum erzielen.

Präsentations- oder Medientraining

Auch wenn Sie nicht in die Politik einsteigen wollen, kann Ihnen ein Präsentations- oder Medientraining helfen, Ihre Wirkung auf andere zu verbessern und Ihre Argumente mit mehr Überzeugungskraft zu vermitteln.

Das sollten Sie in diesem Kapitel erreicht haben

Sie sollten nach der Bearbeitung dieses Kapitels mehr darüber erfahren haben, welche Medien Sie bevorzugt nutzen und wie Sie bei der Beschaffung von Informationen vorgehen. Sie sind sich darüber bewusst, dass der Einsatz von Medien die Wirkung Ihrer Vorträge und Präsentationen deutlich erhöhen kann, und haben ein paar Anregungen hierfür erhalten. Sie haben sich Gedanken darüber gemacht, wie Sie Informationen zielgruppengerecht weitergeben, und dies anhand eines Beispiels aus Ihrem eigenen Arbeitsumfeld nachvollzogen. Ihnen ist bewusst geworden, dass die Informationsflut, die tagtäglich auf Sie einstürzt, wichtige Ressourcen bindet, die Sie anderweitig zielgerichteter einsetzen könnten. Sie haben deshalb Maßnahmen festgelegt, wie Sie die Informationsflut reduzieren wollen. Hierzu zählt auch, dass Sie Ihre Professionalität im Umgang mit dem Internet hinterfragt haben. Und schließlich haben Sie sich mit Ihrer Wirkung in der Öffentlichkeit beschäftigt und wissen, wo Sie noch Handlungsbedarf für eine Professionalisierung sehen.

Abschlusstest: Wie steht es um Ihre Kompetenzen?

Sie haben nun einen wichtigen ersten Schritt im Hinblick auf Ihre Standortbestimmung getan, indem Sie sich mit Ihren Kompetenzen beschäftigt haben.

Karrierefaktor 29: Gewinnen Sie einen Überblick über Ihre Kompetenzen

Training

Lassen Sie uns an dieser Stelle die wichtigsten Erkenntnisse bezüglich Ihres Könnens zusammentragen. Sie können bei der Bearbeitung der nachfolgenden Fragen jederzeit nochmals auf die Übungen 1 bis 26 zurückgreifen.

1) Beschreiben Sie Ihre wichtigsten fachlichen Kompetenzen und belegen Sie sie mit Beispielen.

2) Beschreiben Sie, wie Sie sich in den letzten Jahren weiterentwickelt haben.
3) Nennen Sie Beispiele für Ihre bisherigen erzielten beruflichen Erfolge.
4) Beschreiben Sie Ihre bisher größte berufliche Niederlage und was Sie daraus gelernt haben.
5) Beschreiben Sie Ihre Kernkompetenzen und wie Sie diese in Ihrer derzeitigen Tätigkeit zum Einsatz bringen?
6) Beschreiben Sie, wohin Sie sich beruflich entwickeln wollen und welche Qualifizierungsmaßnahmen hierzu aus Ihrer Sicht notwendig sind.
7) Beschreiben Sie die Grundlagen Ihres Verhaltens im Umgang mit Menschen. Erläutern Sie dies anhand von Beispielen.
8) Nennen Sie Beispiele, die belegen, dass Sie sich auf sehr unterschiedliche Situationen und Menschen haben einstellen können.
9) Sofern Sie eine Führungsposition anstreben: Beschreiben Sie, welche Qualifizierungsmaßnahmen aus Ihrer Sicht notwendig wären, um eine Führungsaufgabe ausfüllen zu können.
10) Beschreiben Sie Ihren Arbeitsstil und Ihre Arbeitsmethodik bei der Lösung von Aufgaben. Machen Sie dies anhand von Beispielen deutlich.
11) Stellen Sie zusammen, welche Instrumente Sie in Ihrer Methoden-Box schon besitzen und auf welchen Gebieten noch Defizite abzubauen sind.
12) Beschreiben Sie, wie Sie Informationen bevorzugt sammeln und weitergeben und welche Medien Sie hierzu benutzen. Belegen Sie dies anhand von Beispielen.
13) Beschreiben Sie Ihr Präsentationsverhalten und Ihre bisherigen Erfahrungen und Erfolge anhand von Beispielen.

Karrierefaktor 29: So gewinnen Sie einen Überblick über Ihre Kompetenzen

Sie haben wahrscheinlich gemerkt, dass es sich bei der Zusammenstellung Ihrer Kompetenzen immer wieder um das Belegen dieser Kompetenzen anhand von Beispielen dreht. Beispiele helfen dabei Behauptungen zu untermauern und nachvollziehbar zu machen. Sie sollten sich daher einen „Bauchladen“ an Beispielen zusammenstellen, anhand derer Sie Ihre Kompetenzen festmachen können. Fällt es Ihnen noch schwer, diese Beispiele zu finden? Keine Sorge: Darüber werden wir im folgenden Kapitel noch intensiv sprechen und Ihnen Hilfestellungen an die Hand geben.

Liste Ihrer Kompetenzen

Beginnen Sie einfach damit, Ihre Kompetenzen in einer Liste zusammenzutragen und dort mit Beispielen zu untermauern, wo Ihnen das möglich ist. Bei der Liste Ihrer Kompetenzen handelt es sich um eine dynamische Zusammenstellung, die Sie täglich ergänzen und erweitern sollten, sobald Ihnen weitere Beispiele einfallen oder Sie sich zusätzliche Kompetenzen angeeignet haben.

Sie werden bei dem einen oder anderen Beispiel vielleicht feststellen, dass es Ihnen schwer fällt, es nur einem Kompetenzfeld zuzuordnen. Es ist völlig normal, dass es Beispiele gibt, bei denen mehrere Kompetenzbereiche angesprochen werden. Dann nehmen Sie das Beispiel ruhig in beiden Feldern auf. Die Einteilung in Kompetenzbereiche soll Ihnen nur als gedankliches Gerüst und Hilfestellung bei der Analyse Ihrer Kompetenzen dienen und ist nicht dogmatisch zu sehen.

Benutzen Sie als Hilfe die nachfolgende Tabelle:

Kompetenzliste

	Kompetenzen	Beispiele
Bereich Fachkompetenz		
Bereich Soziale Kompetenzen		
Bereich Methodenkompetenz		
Bereich Medienkompetenz		

Was für eine Persönlichkeit sind Sie?

Bei den Kompetenzen, die wir bisher besprochen haben, handelte es sich vorwiegend um Fähigkeiten, die Sie sich im Laufe der Jahre über Erfahrung oder gezielte Schulungen oder Ausbildungen angeeignet haben. Diese Kompetenzen stellen demnach das Feld Ihres Könnens dar.
Wenn wir aber beispielsweise im Bereich soziale Kompetenz und Umgang mit Menschen etwas näher hinschauen, fällt es dem einen deutlich leichter, „den richtigen Ton“ zu finden, als dem anderen. Natürlich lässt sich auch gerade im Umgang mit anderen Menschen vieles lernen. Bestimmte Verhaltensweisen sind jedoch direkt mit dem Wesen eines Menschen verbunden.

Motivation und Persönlichkeit

Wenn wir uns nun mit den Bereichen Motivation und Persönlichkeit beschäftigen, betreten wir ein Gebiet, das genau mit diesem Wesen, Ihrer Persönlichkeit und Ihrer Einstellung zu bestimmten Dingen, zu tun hat. Es geht um Eigenschaften und Verhaltensweisen, die direkt mit Ihrer Person verknüpft sind. Der beste Einstieg hierzu besteht darin, auf Entdeckungstour in die Vergangenheit zu gehen und Situationen und Verhaltensweisen näher zu beleuchten.

Trioing – oder wie Sie auf Entdeckungstour in Ihre Vergangenheit gehen

Die nachfolgende Übung, die von Richard Bolles, einem großen Lehrmeister auf dem Gebiet des Self Assessments und der Berufs- und Lebensplanung stammt, kann Ihnen bei Ihrer Entde-

ckungsreise helfen. Sie finden diese Methode auch in seinem Buch „Durchstarten zum Traumjob“.
Der Begriff „Trioing“ basiert auf dem Wort „Trio“, sprich „drei“. Er wurde deshalb gewählt, weil diese Übung zu dritt durchgeführt wird. Entscheidend ist, dass Sie sie mit zwei Menschen in einer entspannten Atmosphäre durchführen. Sie benötigen dafür rund eine halbe Stunde Zeit und sollten dabei ungestört sein. Sie benötigen ferner etwas zu schreiben sowie ein Blatt Papier.

Partnerübung

Suchen Sie sich bitte zwei Partner, mit denen Sie diese Übung gemeinsam durchführen. Es geht darum, dass Sie sich jeweils eine Geschichte aus Ihrem Leben erzählen. Es spielt dabei keine Rolle, ob diese Geschichte aus Ihrer Kindheit, Ihrer Jugend, dem beruflichen Umfeld oder dem Privatleben stammt. Die Geschichte muss nur die drei folgenden Bedingungen erfüllen:

Geschichte aus dem Leben

- Sie sollen sich gerne an die Geschichte erinnern.
- Sie sollen in der Geschichte eine aktive Rolle spielen.
- Die Geschichte sollte einen guten Ausgang, ein „Happy End“, haben.

Und so gehen Sie vor:

Vorgehensweise

1. Jedes der drei Gruppenmitglieder schreibt zunächst für sich seine Geschichte auf. Beschreiben Sie dabei möglichst detailliert, was Sie in der Geschichte gemacht haben. Listen Sie unter der Geschichte auf, welche Kompetenzen/Fähigkeiten Sie in dieser Geschichte Ihrer Meinung nach gezeigt haben.

2. Erzählen Sie nun Ihre Geschichte den beiden anderen oder lesen Sie sie vor. Die beiden Zuhörer erhalten zunächst Gelegenheit, Verständnisfragen zu stellen, sofern beim Erzählen Zusammenhänge nicht ganz klar werden.
Danach tragen Sie die Kompetenzen und Fähigkeiten vor, die Sie bei sich in dieser Geschichte entdeckt und sich notiert haben.

3. Nun geben Ihnen Ihre beiden Partner Rückmeldung, ob sie in der Geschichte weitere Kompetenzen und Eigenschaften

bei Ihnen entdeckt haben, die Sie nicht selbst genannt haben.

4. Notieren Sie sich diese Begriffe zusätzlich auf Ihrer Liste.
5. Danach wird dieser Prozess für Ihre beiden Partner in gleicher Weise durchgeführt.
6. Führen Sie diese Übung mit unterschiedlichen Personen und jeweils unterschiedlichen Geschichten aus Ihrem Leben mindestens siebenmal durch. Mit unterschiedlichen Menschen deshalb, weil Sie dadurch eine sehr breite Palette an Rückmeldungen erhalten.

Bei der Durchführung dieser Übung kommen immer wieder Menschen, selbst solche im fortgeschrittenen Alter, auf mich zu und sagen, dass ihnen keine Geschichten einfallen, die die drei genannten Bedingungen erfüllen würden. Traurig, aber wahr: Viele Menschen haben die „Erfolgserlebnisse“, die jeder in seinem Leben ja zweifelsfrei gehabt hat, so weit verdrängt, dass sie tatsächlich mit 40 oder 50 Jahren glauben, hier nichts aufführen zu können.

Auch kleine Dinge zählen

Zur Durchführung der Übung benötigen Sie nicht unbedingt nur die großen Erfolge. Auch kleine Dinge wie

- die erfolgreiche Planung einer Geburtstagsfeier für einen Menschen, der Ihnen nahe steht,
- die besonders kompetente Beratung eines Kunden, für die er sich bei Ihnen mit einem Blumenstrauß bedankt oder
- die Umgestaltung Ihres Gartens, der dann von anderen bewundert wird,

können Sie heranziehen. Entscheidend ist, dass dieser Erfolg für Sie Bedeutung hat und auf Ihrem Verhalten basiert.

Um Ihnen den Prozess des Trioings zu verdeutlichen, finden Sie das nachfolgende Beispiel von Franziska Pauli.

Praxis-Beispiel

Franziska Pauli hat diese Übung zusammen mit zwei Freundinnen gemacht. Hier beispielhaft ihre Geschichte.

> Als ich mich nach dem Abitur für eine Fachhochschulausbildung beim Bund bewerben wollte, erfuhr ich, dass bei der Bewerberauswahl Testverfahren zum Einsatz kommen würden. Ich versuchte, mir zur Vorbereitung einschlägige Literatur zu besorgen, aber da gab es damals nicht viel. So habe ich damit begonnen, viele Leute zu befragen, die schon an solchen Tests teilgenommen hatten. Ich ließ mir die Tests beschreiben und sammelte diese. Nachdem es mir für meinen Test geholfen hatte, das Grundprinzip gekannt zu haben, begann ich damit, Testübungen systematisch zu sammeln und nach dem Muster eigene Übung zu erstellen. Daraus wurde ein Manuskript, das ich versuchte bei Verlagen zu platzieren. Aber das Interesse der Verlage war zunächst gleich null. Nach 63 Versuchen war schließlich ein Verlag interessiert. Es gelang mir, den Verlag dazu zu bringen, dass er ein Gutachten erstellen ließ, um die Frage zu klären, ob nur die Originaltests geschützt waren oder grundsätzlich schon das Grundprinzip, auf dem die Tests basierten. Nur damit schien es möglich, die Bedenken des Verlags im Hinblick auf die Verletzung von Schutzrechten auszuräumen. Nachdem das Gutachten ergab, dass die nachempfundenen Übungen nicht die Schutzrechte verletzten, war der Verlag bereit, das Manuskript zu veröffentlichen.

Franziska Pauli fand bei sich die folgenden Kompetenzen/Fähigkeiten in der Geschichte wieder:

- *Informationen von Menschen beschaffen können*
- *Analytisches Denkvermögen*
- *Kreativität*
- *Ausdauer*

Als sie die Geschichte ihren beiden Freunden erzählte, ergänzten sie die Liste wie folgt:

- *Initiative zeigen*
- *Kontakt zu Menschen aufbauen*
- *Vertrauen schaffen*
- *Selbstvertrauen*
- *Strukturiertes Arbeiten*
- *Ausdauer*
- *Zähigkeit*
- *Überzeugungsfähigkeit*

- *Frustrationstoleranz (sich durch negative Erfahrungen nicht entmutigen lassen)*

Franziska Pauli war ganz überrascht, welche Kompetenzen und Eigenschaften da noch dazu kamen, an die sie nicht gedacht bzw. die sie nicht als etwas besonderes erkannt hatte.

Karrierefaktor 30: Gehen Sie auf Entdeckungstour in Ihre Vergangenheit

30 Min.

Führen Sie nun Ihrerseits mit zwei Partnern ein Trioing durch.

Lösung

Karrierefaktor 30: So gehen Sie auf Entdeckungstour in Ihre Vergangenheit

Wie haben Sie sich bei der Durchführung der Übung gefühlt.? Hat es Ihnen Spaß gemacht? Konnten Ihre Partner Kompetenzen und Fähigkeiten aufgrund Ihres Verhaltens in den Geschichten nennen, auf die Sie selbst nicht gekommen waren? Menschen, die diese Übung machen, stellen immer wieder fest, dass sich nach der Durchführung ihre Stimmung deutlich verbessert. Das hat damit zu tun, dass sie sich an positive Erlebnisse erinnern, sich Erfolge bewusst machen und durch die Partner und deren Rückmeldung Wertschätzung erfahren. Diese Übung kann also auch dazu helfen, sich aus einem persönlichen Tief wieder hochzurappeln, dass Sie sich bewusst mit positiven Erfahrungen beschäftigen. Besonders in der Phase der Arbeitslosigkeit ist dies ein zentrales Element für den Erhalt des Selbstwertgefühls.

Typische Verhaltensweisen

Wenn Sie die Übung nun mehrfach mit neuen Geschichten durchführen, werden Sie feststellen, dass unabhängig davon, um welches Thema es sich handelt und in welcher Lebensphase die Geschichte spielt, bestimmte Verhaltensweisen und Merkmale immer wieder anzutreffen sind. Durch die mehrfache Durchführung dieser Übung kristallisieren sich quasi Ihre für Sie typischen Verhaltensweisen heraus. Ihr Bild wird klarer und anhand von Beispielsituationen belegbar.

Sind Sie kreativ?

Fähigkeit, Neues zu entwickeln

Kreativität, die Fähigkeit, Neues zu entwickeln, auch ungewöhnliche Ideen zu haben, besitzt besonders in Berufen, die sehr stark mit Innovation zu tun haben, einen hohen Stellenwert. In den meisten Berufen genügt es heute nicht mehr, Arbeiten nach „Schema F“ abzuwickeln. Gefragt sind Menschen, die in der Lage sind, Veränderungen zu gestalten und gangbare Wege für neue Aufgabenstellungen zu finden. Letztendlich schafft diese Fähigkeit Wettbewerbsvorteile.

Sicherlich kennen Sie auch Menschen, die häufig geistig ganz woanders sind, vor sich hinträumen und in ihrer eigenen Gedankenwelt leben. Vielleicht gehören Sie selbst zu den Menschen, denen Routine ein Gräuel ist und die immer bestrebt sind, Dinge einfach mal anders zu machen. Kreativität ist der Schlüssel dazu, indem Sie Denkmauern einreißen und unkonventionelle Wege gehen – letztendlich der Schlüssel zur Veränderung und Weiterentwicklung. Wenn wir uns die Natur betrachten, können wir immer wieder nur staunen, wie kreativ dort Probleme gelöst wurden.

Karrierefaktor 31: Testen Sie Ihre Kreativität

10 Min.

Versuchen Sie, aus dem nachfolgenden Grafikelement so viele Figuren oder Bilder wie möglich zu zeichnen.

Hierzu drei Beispiele:

1. Der Buchstabe W

2. Ein Gesicht

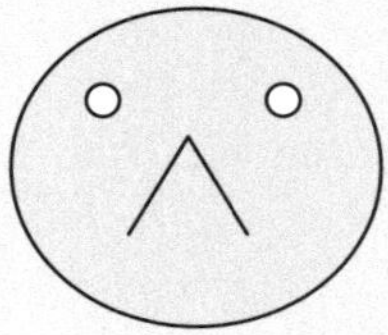

3. Ein Tannenbaum

Lösung

Karrierefaktor 31: So testen Sie Ihre Kreativität

Wie viele Bilder sind Ihnen eingefallen? Haben Sie mehr als 20 geschafft? Das ist schon ein sehr gutes Ergebnis. Wer über 25 Bilder entwickelt hat, kann sich in dieser Übung als wirklich kreativ bezeichnen.
Versuchen Sie, Beispiele zu finden, in denen Sie Kreativität bewiesen haben.

Checkliste: Kreativität

CD-ROM

Was	ja	nein
Gehen Sie gern neue Wege?		
Probieren Sie gern neue Dinge aus?		
Kommen Ihnen spontan Ideen in den Kopf, wie man Probleme auf unkonventionelle Art und Weise lösen kann?		
Ertappen Sie sich manchmal dabei, wie Sie in Ihren Gedanken versunken sind und nicht auf das achten, was um Sie geschieht?		

Wenn Sie die obigen Fragen mit Ja beantwortet haben, gehört Kreativität zu Ihren persönlichen Eigenschaften. Menschen, die eine hohe Kreativität besitzen, haben häufig Probleme damit, nach sturen Regeln zu arbeiten oder Routinen abzuwickeln. Es ist deshalb wichtig, dass Sie sich ein Umfeld suchen bzw. schaffen, in dem Ihre Kreativität positiv zum Einsatz kommen kann. Wer in rigiden Strukturen mit starren Abläufen ständig kreative Lösungen vorschlägt, wird leicht zum Außenseiter und als „Spinner“ abgetan.
Sehen Sie Ihre Kreativität als eine positive Gabe, die Sie gezielt zur Lösung von Problemen einsetzen können.

Wie halten Sie es mit den Tugenden wie Pünktlichkeit und Zuverlässigkeit?

Wenn wir von klassischen Tugenden wie Pünktlichkeit und Zuverlässigkeit sprechen, kommt bisweilen für manche ein eher „altbackener“ Beigeschmack mit ins Spiel. Sind diese Tugenden noch zeitgemäß?

Ich meine, ja, da sie unser Zusammenleben in einer Gemeinschaft einfacher und angenehmer machen. Von anderen erwarten wir, dass sie ihr Verhalten an diesen Leitlinien ausrichten. Oder werden Sie gerne versetzt, übervorteilt oder hintergangen? Auf Dauer wird die Ausrichtung Ihres Verhaltens an diesen Tugenden beruflich für Sie förderlich sein. Nur so bauen Sie sich ein positives Image auf und machen sich unangreifbar.

Das Einhalten von Tugenden hat auch etwas mit dem eigenen Wertesystem zu tun. Insbesondere wenn Sie eine Führungsposition anstreben, nehmen Sie eine Vorbildfunktion ein und bestimmen mit Ihrem Verhalten den Maßstab, an dem sich Ihre Mitarbeiter orientieren.

Karrierefaktor 32: Werden Sie sich über die Bedeutung klassischer Tugenden und Werte klar

10 Min.

Nachfolgend finden Sie einige Situationen beschrieben. Entscheiden Sie sich für eine Antwortalternative, die Ihrem Verhalten am nächsten kommt.

Situation 1:

Sie haben einen Besprechungstermin und stellen fest, dass Sie zehn Minuten zu spät kommen werden. Wie verhalten Sie sich?

a) Ich mache nichts weiter, schließlich wissen alle, dass ich nicht so pünktlich bin.

b) Ich beeile mich und suche, wenn ich zu spät komme, eine Ausrede.

c) Ich entschuldige mich für mein Zuspätkommen.

d) Ich gebe vorab kurz Bescheid, dass ich ungefähr zehn Minuten zu spät kommen werde, damit sich die anderen darauf einstellen können.

Situation 2:

Einer Ihrer Kunden schickt einen Auftrag, dass er dringend noch ein Ersatzteil braucht. Es ist jedoch schon Feierabend und Sie haben vor, noch ein paar Sachen in der Stadt zu erledigen. Wie verhalten Sie sich?

a) Ich lasse den Auftrag liegen, morgen ist auch noch ein Tag.

b) Ich rufe den Kunden am nächsten Morgen an und sage, dass ich gestern schon aus dem Haus war, als sein Auftrag kam.

c) Ich bitte einen Kollegen, ob er den Auftrag für mich noch am Abend bearbeiten kann.

d) Ich wickle den Auftrag noch ab und verschiebe meine Einkäufe.

Situation 3:

Sie kaufen in einem Geschäft mehrere Sachen ein und die Kassiererin vergisst ein Teil für € 49,- einzutippen. Wie verhalten Sie sich?

a) Ich freue mich und sage nichts.

b) Ich tue so, als ob ich es nicht gemerkt hätte.

c) Ich gehe zum Marktleiter, erzähle den Vorfall und bitte um einen Warengutschein für meine Ehrlichkeit.

d) Ich mache die Kassiererin darauf aufmerksam und bezahlen das Teil.

Situation 4:

Sie kommen an den Eingang zur U-Bahnstation, die Rolltreppe ist jedoch ausgefallen. Eine Mutter mit Kinderwagen möchte zur Station. Wie verhalten Sie sich?

a) Ich laufe weiter, schließlich kann man sich nicht um alles kümmern.

b) Ich laufe weiter, sage aber der Mutter, dass ich sehr in Eile sei.

c) Ich bitte jemanden anderen, der jungen Mutter zu helfen.

d) Ich helfe der Frau, den Kinderwagen die Treppen hinunterzutragen.

Situation 5:

Auf dem Firmenparkplatz sehen Sie ein Auto, bei dem am Tag Licht brennt. Wie verhalten Sie sich?

a) Ich mache nichts, wer so schusselig ist, hat es nicht anders verdient, als dass seine Batterie dann leer ist.

b) Ich frage einen Kollegen, ob er weiß, wem das Auto gehört. Falls er verneint, kümmere ich mich nicht weiter um die Sache.

c) Ich warte noch eine Stunde und schaue dann nochmals nach. Falls das Licht immer noch brennt, gebe ich in der Telefonzentrale Bescheid.

d) Ich versuche herauszubekommen, wem das Auto gehört, und informiere die Person sofort.

Situation 6:

Sie arbeiten in einem Büro, bei dem das Büromaterial für jeden frei zugänglich gelagert ist. Wie verhalten Sie sich?

a) Ich decke auch meinen privaten Bedarf an Büromaterial über dieses Lager ab, schließlich macht man ja sonst genug für die Firma, da muss das bisschen drin sein.

b) Ich nehme regelmäßig Kleinigkeiten wie Bleistifte oder Radiergummis mit nach Hause.

c) Ich nehme ab und zu Kleinigkeiten zur Deckung meines privaten Bedarfs mit.

d) Ich nehme keine Büromaterialen für private Zwecke mit nach Hause.

Situation 7:

Sie haben bei der Bearbeitung eines Vorgangs einen Fehler gemacht, aus dem sich weitere Konsequenzen für die Firma ergeben können. Wie verhalten Sie sich?

a) Ich sage nichts, die anderen werden schon nicht merken, dass ich den Fehler gemacht habe.

b) Ich unternehme nichts und falls jemand darauf kommt, tue ich so, als ob ich den Fehler nicht bemerkt hätte.

c) Ich versuche, den Fehler zu korrigieren, und falls ich es nicht hinkriege, hoffe ich, dass es keiner merkt

d) Ich versuche, den Fehler zu korrigieren, und falls das nicht klappt, informiere ich meinen Chef, damit er frühzeitig reagieren und eingreifen kann, bevor der Schaden größer wird.

Situation 8:

Sie haben sich mit Kollegen verabredet, abends gemeinsam wegzugehen. Plötzlich werden Sie von einem Freund angesprochen, ob Sie mit ihm was unternehmen. Wie verhalten Sie sich?

a) Da ich mehr Lust habe, mit meinem Freund wegzugehen, sage ich das Treffen mit den Kollegen einfach ab.

b) Ich sage meinen Kollegen, dass ich mich nicht gut fühle, und gehe dann mit meinem Freund weg.

c) Ich sage meinem Freund, dass ich schon was vorhabe, und sage ihm ab.

d) Ich sage meinem Freund, dass ich mit meinen Kollegen schon eine feste Verabredung habe, frage ihn aber, ob wir nicht an einem anderen Tag etwas zusammen unternehmen können.

Situation 9:

Sie hatten die Möglichkeit, mit einem Kollegen in dessen Auto von einer Dienstreise mit nach Hause zu fahren. Sie hatten jedoch Ihren Dienstreiseantrag für die Hin- und Rückfahrt gestellt. Wie verhalten Sie sich?

a) Ich rechne trotzdem die vollen Reisekosten gegenüber der Firma ab.

b) Ich rechne die Reisekosten voll ab, lade aber den Kollegen zum Essen ein.

c) Ich rechne nur eine Strecke der Reisekosten ab, wir gehen jedoch noch schön essen, was ich gegenüber der Firma ebenfalls abrechne.

d) Ich rechne nur die Fahrtkosten der Hinfahrt ab.

Situation 10:

Ihr Kollege hat eine Idee für die Optimierung des Arbeitsprozesses entwickelt, die er Ihnen erzählt. Sie halten die Idee für gut und glauben, dass Ihr Chef dies auch so sieht. Wie verhalten Sie sich?

a) Ich gehe zum Chef und verkaufe die Idee, als ob es meine gewesen wäre.

b) Ich gehe zum Chef und sage, dass ich diese Idee zusammen mit dem Kollegen entwickelt hätte.

c) Ich sage dem Kollegen, dass ich die Idee für ganz gut halte, in einigen Punkten bedürfe sie jedoch noch der Verbesserung. Dann gehen wir gemeinsam zum Chef und verkaufen die leicht modifizierte Idee als unsere gemeinsame.

d) Ich gratuliere dem Kollegen zu dieser Idee und empfehle ihm, sie dem Chef vorzustellen.

Karrierefaktor 32: So werden Sie sich über die Bedeutung klassischer Tugenden und Wert klar

So werten Sie Ihre Ergebnisse aus:

- Für alle Antworten a) erhalten Sie 0 Punkte.
- Für alle Antworten b) erhalten Sie 1 Punkt.
- Für alle Antworten c) erhalten Sie 3 Punkte.
- Für alle Antworten d) erhalten 5 Punkte.

0-19 Punkte Die klassischen Tugenden wie Zuverlässigkeit, Pünktlichkeit, Loyalität und Ehrlichkeit bedeuten Ihnen nicht sehr viel. Sie handeln nach dem Motto: Das Leben ist hart, da muss man sehen, wo man bleibt. Für Ritterlichkeit ist da kein Platz. Vielleicht haben Sie diese Einstellung aufgrund schlechter Erfahrungen mit anderen Menschen entwickelt, fühlten sich schlecht behandelt und passen sich diesem Stil an. Mit diesem Verhalten laufen Sie jedoch Gefahr, dass Sie andere Menschen vor den Kopf stoßen, sich ein negatives Image aufbauen und leicht zum egoistischen Außenseiter werden. Wer derart auftritt, darf mit Rücksichtnahme anderer nicht rechnen. Vielmehr müssen Sie immer auf der Lauer sein, dass andere Ihnen Ihr Verhalten nicht heimzahlen wollen. Das macht das Leben sehr anstrengend.

20-35 Punkte Sie sind immer etwas hin- und hergerissen zwischen dem Streben nach dem eigenen Vorteil und dem, was aus Ihrer Sicht „richtig" wäre. Ihnen ist die Bedeutung von Tugenden wie Verlässlichkeit, Redlichkeit und Pünktlichkeit durchaus bewusst. Im Alltag ist die Verführung aber doch sehr groß, den eigenen Vorteil höher zu stellen. Dann flüchten Sie sich in Ausreden, um Ihr Handeln zu rechtfertigen. Sie sollten sich aber darüber im Klaren sein, dass Sie von anderen nur das an Verhalten erwarten können, was Sie auch selbst bereit sind zu geben. Wie heißt es so schön: Wie man in den Wald schreit, so hallt es wider.

36 – 50 Punkte Klassische Tugenden wie Pünktlichkeit, Zuverlässigkeit, Hilfsbereitschaft oder Loyalität haben für Sie einen hohen Stellenwert. Sie sind sehr bestrebt, Ihr tägliches Verhalten an diesen

Wertmaßstäben auszurichten. Dies kann oftmals bedeuten, dass sich zunächst Nachteile für Sie daraus ergeben. Auf Dauer gesehen werden Sie sich mit dieser Einstellung jedoch ein positives Image aufbauen und auch von anderen in der Mehrzahl der Fälle belohnt werden. Seien Sie sich aber auch darüber im Klaren, dass Ihr Verhalten bisweilen ausgenützt werden kann. Entscheidend ist jedoch, dass Sie mit sich und Ihrem Verhalten „im Reinen“ sind und eine klare Leitlinie haben, an der Sie sich orientieren können.

Wie flexibel sind Sie?

Können Sie mit veränderten Situationen gut umgehen? Macht es Ihnen nichts aus, wenn der Plan eine Änderung erfährt?

Karrierefaktor 33: Testen Sie Ihre Flexibilität

25 Min.

Versuchen Sie, Beispiele aus der Vergangenheit zu finden, mit denen Sie belegen können, dass Sie mit sich verändernden Situationen flexibel umgehen können. Denken Sie dabei an

- sich verändernde Arbeitsgebiete und -anforderungen,
- regionale Veränderungen wie z. B. die Notwendigkeit eines Umzugs oder an
- Ihr Umfeld, das durch sich verändernde Wertvorstellungen und kulturelle Einflüsse geprägt sein kann.

Einen weiteren Bereich der Flexibilität stellt die geistige Flexibilität Ihres Denkens dar.

Bearbeiten Sie die nachfolgenden Aufgaben:

Umgang mit Sprache

Suchen Sie zu den vorgegebenen Begriffen jeweils das Antonym, also das Wort mit der gegenteiligen Bedeutung.

1. Mitläufer
   a) Gegner
   b) Konkurrent
   c) Querulant
   d) Anführer
2. labil
   a) selbstbewusst
   b) stark
   c) stabil
   d) erfahren
3. Chaos
   a) Ordnung
   b) Konzentration
   c) Disziplin
   d) Realität
4. dynamisch
   a) beharrlich
   b) unbewegt
   c) stationär
   d) unbeschwingt
5. Mut
   a) Faulheit
   b) Feigheit
   c) Verrat
   d) Schüchternheit

Finden Sie bei den nachfolgenden Begriffen denjenigen heraus, der nicht zu den anderen passt.

6. a) Film, b) MP3-Spieler, c) Tonband, d) Diskette, e) CD
7. a) einkaufen, b) verkaufen, c) annektieren, d) stehlen, e) in Verwahrung nehmen
8. a) Zuckerrüben, b) Zwiebeln, c) Mohrrüben, d) Radieschen, e) Erbsen
9. a) Zigarre, b) Opium, c) Alkohol, d) Marihuana, e) Zigarette
10. a) Koffer, b) Tasche, c) Eimer, d) Truhe, e) Rucksack

Ergänzen Sie die nachfolgenden Sätze durch das Wort, das sowohl inhaltlich als auch sprachlich am besten passt.

11. Die neuen Stoppuhren täuschten bei der Zeitmessung eine ... vor, die in keiner Weise gegeben war.
    a) Sicherheit
    b) Genauigkeit
    c) Prägnanz
    d) Objektivität
12. In der Elektrizität gilt der Grundsatz, dass sich gleichnamige Ladungen ...
    a) abweisen
    b) abstoßen
    c) bekämpfen
    d) voneinander entfernen
13. Auch in diesem Jahr ... die Urlaubswelle Tausende von Todesopfern.
    a) verlangte
    b) brachte
    c) forderte
    d) erzeugte

14. In manchen Restaurants wird zum Essen eine Kerze angezündet, da dies ... wirkt.
    a) beruhigend
    b) romantisch
    c) lebendig
    d) sentimental

15. Die Teilnahme der Sportler an den Europäischen Meisterschaften war von einem tragischen Ereignis ...
    a) begleitet
    b) überschattet
    c) belagert
    d) gekennzeichnet

Umgang mit Zahlen

Ergänzen Sie die Zahlenreihen sinngemäß.

16.	5	7	4	6	3	?
17.	72	61	48	33	?	
18.	7	14	12	24	?	
19.	3	7	13	27	53	?
20.	71	68	77	50	?	

Kombinationsfähigkeit

Ergänzen Sie die Figurenfolge sinngemäß.

21.

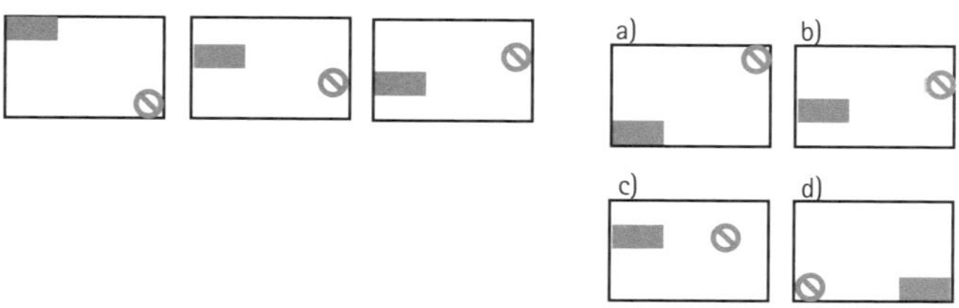

22.

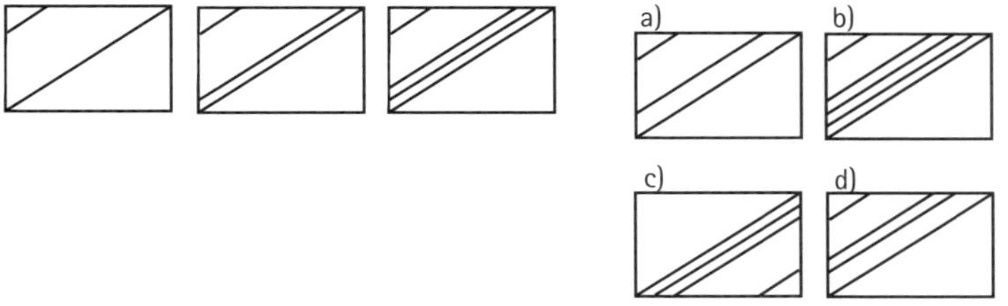

Logisches Denken

23. Nachfolgend finden Sie sechs Zeichnungen, bei denen jeweils Menschen in einen Aufzug steigen oder diesen verlassen. Die Anzahl der Pfeile gibt jeweils an, wie viele Menschen ein- bzw. aussteigen. Versuchen Sie, die Zeichnungen in die logisch richtige Reihenfolge zu bringen, damit die Fahrtroute, die Anzahl der Personen im Aufzug und die Haltepunkte des Aufzugs in den verschiedenen Etagen stimmig sind.

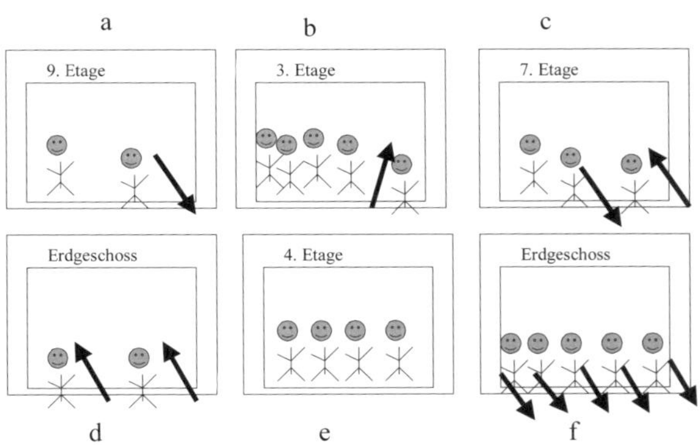

Lösung

Karrierefaktor 33: So testen Sie Ihre Flexibilität

Flexibilität ist die Fähigkeit, sich mit neuen Gegebenheiten offen auseinander zu setzen und die Bereitschaft zu besitzen, sein Verhalten daraufhin neu auszurichten. In unserer sehr schnelllebigen und durch ständige Veränderungen geprägten Zeit ist diese Fähigkeit ein echtes Überlebenskriterium. Wer starr in alten Handlungsmustern verharrt nach dem Motto: „Das haben wir schon immer so gemacht", gerät schnell ins Abseits und wird als träge und unbeweglich eingestuft. Daher ist es wichtig, immer wieder auch neue Wege zu gehen, auch unbekanntes Terrain zu betreten und sich offen für Neues zu zeigen. Oftmals entstehen erst dadurch neue, ungeahnte Chancen. Haben Sie Beispiele für flexibles Verhalten in Ihrer Vergangenheit gefunden? Hat Sie die gezeigte Flexibilität viel Überwindung gekostet oder sind Sie mit Neugierde und einen Schuss Pioniergeist an die Sache gegangen?

Intelligenztests

Geistige Flexibilität hängt auch sehr eng mit Ihren Denkstrukturen zusammen. Sie bedeutet, auch in der Lage zu sein, schnell bisher unbekannte Gesetzmäßigkeiten zu erkennen und Regeln daraus abzuleiten. Die Grundmuster der Intelligenztests setzen an diesem Punkt an. In diesem Sinne können Ihnen auch die kleinen Denksportaufgaben aus den unterschiedlichen Intelligenzbereichen Rückschlüsse auf Ihre diesbezügliche Fähigkeiten geben. Nachfolgend finden Sie die Lösungen zu den einzelnen Aufgaben.

Lösungen

1. d), 2. c, 3. a), 4. b), 5. b), 6. b), 7. b), 8. e), 9. c), 10. d), 11. b), 12. b), 13. c), 14. b), 15. b), 16. 5 17. 16 18. 22 19. 107 20. 131 21. a) 22. b) 23. e-b-f-d-c-a

Können Sie ein unterschiedliches Leistungsniveau in den verschiedenen Aufgabenbereichen bei sich feststellen? Heute wird bei der Durchführung von Intelligenztests auch nicht mehr vorrangig der Intelligenzquotient (IQ) ermittelt, sondern die Intelligenzstruktur. Menschen mit gleichem IQ können oft sehr unterschiedliche Leistungen in den einzelnen Bereichen wie Sprachgefühl, zahlenlogisches Verständnis oder räumliches Vorstellungsvermögen haben. Um beispielsweise die Passgenauigkeit eines Schulabgängers mit dem Anforderungsprofil eines bestimmten Berufes ermitteln zu können, sollten sich die Ausprägungen in den einzelnen Bereichen möglichst gut decken.

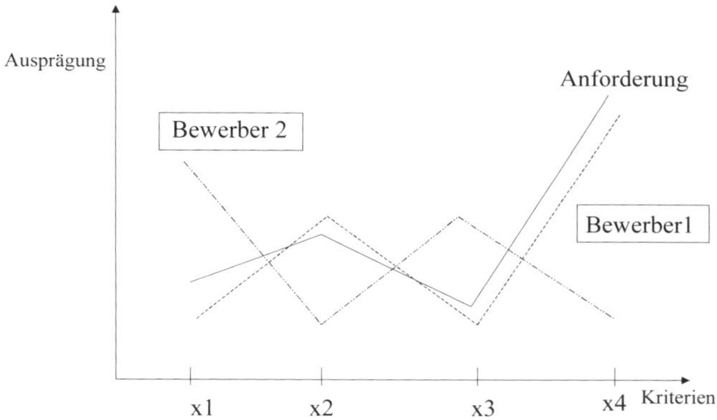

Wie steht es um Ihre Motivation?

Motivation, der innere Antrieb, ist ein wichtiger Faktor für Ihre private wie berufliche Zielerreichung und Ihre persönliche Zufriedenheit. Dieses Energiepotenzial, das Ihnen für Ihre Aktivitäten zur Verfügung steht, hängt von zahlreichen Faktoren ab. Sicherlich spielt die Tagesform eine Rolle. Wichtig ist aber auch, ob Sie Werte haben, für die es sich Ihrer Meinung nach lohnt, Energie aufzuwenden.

Karrierefaktor 34: Lernen Sie Ihre Motivation kennen

Training

Bitte beantworten Sie die nachfolgenden Fragen:

1. Kennen Sie die Faktoren, die Sie am meisten motivieren? Bringen Sie die nachfolgenden Motivationsfaktoren in die für Sie geltende Reihenfolge. Beginnen Sie mit dem Faktor, der die höchste Bedeutung und den größten Einfluss für Sie hat.
   - Geld
   - Prestige
   - Körperliche Fitness und Wohlbefinden
   - Statussymbole wie Autos
   - Anerkennung in Form von Lob
   - Anerkennung in Form von Liebe
   - Anerkennung in Form von Auszeichnung
   - Die Möglichkeit, ideelle Werte schaffen zu können
   - Umsatzsteigerungen
   - Erhöhung der Marktanteile
   - Familie
   - Technischer Fortschritt durch Erfindungen und Patente
   - Reputation und öffentliches Ansehen
   - Titel
   - Unabhängigkeit
   - Freie Zeiteinteilung
   - Gutes Aussehen
   - Sicherheit
   - Harmonie
   - Macht und Einfluss
2. Fällt es Ihnen morgens oft schwer, aufzustehen und zur Arbeit zu gehen?
3. Leiden Sie oft unter einer Antriebsschwäche und Lustlosigkeit?
4. Sehen Sie in dem, was Sie tun, oft keinen Sinn?

5. Würden Sie gerne Veränderungen in Ihrem Leben haben, aber es fehlt Ihnen die Energie, diese aktiv zu bewirken?

Karrierefaktor 34: So lernen Sie Ihre Motivation kennen

Frage 1

Haben Sie bei Frage 1) eine Prioritätenliste erstellen können? Wenn ja, überlegen Sie sich bitte, was Sie im Hinblick auf diese Motivationsfaktoren in Ihrem Leben bisher schon bereit waren zu tun. Wann ist es Ihnen besonders leicht gefallen, motiviert an die Arbeit zu gehen? Gibt es ein bestimmtes Muster oder einen bestimmten Rhythmus, wie sich Ihre Motivationskurve gestaltet?

Fragen 2–5

Haben Sie auf die Fragen 2 bis 5 häufig mit Ja geantwortet? Dann sollten Sie intensiv darüber nachdenken, worin die Ursachen für Ihre Unzufriedenheit liegen könnten. Viele Menschen befinden sich in einem Teufelskreis. Sie haben keinen Spaß an dem, was Sie tun, oder sehen keinen Sinn darin. Weil sie lustlos an die Sache gehen, stellen sich auch keine Erfolgserlebnisse ein und der Frust wird immer größer, die Motivation sinkt immer mehr.

Viele Karriereberatungskunden, die zu mir kommen und einen relativ sicheren Arbeitsplatz haben, suchen eine Veränderung, weil sie mit der aktuellen Situation unzufrieden sind. Die Arbeit macht ihnen schon seit längerer Zeit keinen Spaß mehr, sie haben das Gefühl, auf der Stelle zu treten. Wenn man sie dann darauf anspricht, warum sie nicht schon lange versucht haben, eine Änderung zu bewirken, kommen häufig zwei Argumente:

- zum einen das Geld und
- zum anderen eine Ratlosigkeit im Hinblick auf das, was sie alternativ machen könnten.

Geld

Geld ist bewusst oder unbewusst ein hoher Motivationsfaktor und kann häufig auch zum Hemmschuh für Veränderungen werden. Die Sicherheit, beispielsweise jeden Monat € 3.000,– auf das Konto überwiesen zu bekommen, bremst die Motivation für eine Veränderung aus.

Ratlosigkeit

Das zweite Argument, die Ratlosigkeit im Hinblick auf gangbare Alternativen, führt viele Menschen zu einem Karriereberater, der auf der Grundlage einer Standortbestimmung dabei helfen kann, neue Perspektiven zu entdecken. Es ist für mich als Karriereberaterin das schönste Gefühl, miterleben zu können, wie Menschen plötzlich sich und ihre Fähigkeiten neu oder teilweise zum ersten Mal entdecken und neue Kraft und Motivation finden, ihr Leben aktiv zu gestalten. Indem Sie dieses Self Assessment durchführen, bewegen Sie sich genau auf diesem Weg.

Sind Sie belastbar?

Beispiele aus der Vergangenheit

Menschen klagen allgemein darüber, dass der Leistungsdruck zunehme. Die anstehenden Aufgaben in den Unternehmen werden immer komplexer und müssen von immer weniger Menschen bewältigt werden. Dies bedeutet, dass die Fähigkeit, mit Druck und Belastungen umzugehen, an Bedeutung gewinnt. Ein wesentlicher Faktor ist dabei, wie Sie auf Zeitdruck reagieren.

Zur Belastbarkeit gehört nicht nur Ihr Leistungsverhalten unter Zeitdruck. Auch Ihre emotionale Stabilität fällt in diese Kategorie. Ausgeglichenheit, Ihre Lebenseinstellung und Ihr Selbstvertrauen sind Faktoren, die hineinspielen. Konkrete Fragestellungen hierzu werden wir noch im Kapitel über Assessement Center kennen lernen. An dieser Stelle sollten Sie sich aber bereits Gedanken darüber machen, welche Informationen Sie diesbezüglich aus Ihren bisherigen Lebenserfahrungen gewinnen können. Versetzen Sie sich dazu wieder in konkrete Situationen aus der Vergangenheit und überlegen Sie, wie Sie sich dabei gefühlt haben.

- Spornt Sie Leistungsdruck eher an oder belastet er Sie so, dass Sie dadurch in Ihrer Leistungsfähigkeit sogar eingeschränkt sind?
- Ist der Druck, den Sie spüren, von außen verursacht, oder machen Sie sich den „Stress“ häufig selbst, indem Sie die Messlatte für sich besonders hoch setzen?

- Können Sie mehrere Anforderungen oder Aufgaben parallel bewältigen oder fühlen Sie sich dadurch leicht überfordert?

Doch lassen Sie uns zunächst damit beginnen, Ihre Stressresistenz beim Arbeiten unter Zeitdruck zu testen. Wie leistungsfähig sind Sie, wenn Ihnen zur Lösung einer Aufgabe nur eine begrenzte Zeit zur Verfügung steht? Können Sie sich dennoch konzentrieren oder werden Sie zappelig und nervös? Wenn Sie mehr darüber erfahren möchten, machen Sie die folgende Übung.

Karrierefaktor 35: Beurteilen Sie Ihr Arbeitsverhalten unter Zeitdruck

2 Min.

Für die nachfolgende Übung benötigen Sie einen Freund, der mit einer Stoppuhr Zeiten für Sie stoppt.

Auf der nachfolgenden Seite finden Sie mehrere Spalten von Zahlen. Addieren Sie die jeweils zwei untereinander stehenden Zahlen und notieren Sie sich nur die Endziffer.

Beispiel:

3
    0
7
    6
9
    3
4

Wenn das Signalzeichen kommt, hören Sie sofort auf und beginnen mit der nächsten Spalte.

Für die erste Spalte haben Sie 25 Sekunden, für die zweite Spalte 20 Sekunden, für die dritte bis siebte Spalte jeweils 15 Sekunden zur Verfügung.

2	6	9	4	3	4	3
1	4	8	5	9	8	6
6	7	4	8	1	5	2
9	7	5	3	7	6	7
7	6	6	9	2	9	4
5	8	3	5	3	4	1
4	6	8	1	9	7	6
8	4	9	1	2	5	8
7	5	8	3	9	1	7
4	7	2	9	8	4	9
8	6	1	9	3	2	4
7	7	8	4	3	7	8
4	4	3	3	7	2	1
8	7	1	6	3	3	5
2	3	8	6	7	5	8
5	5	4	7	2	2	6
9	8	8	7	4	4	9

Karrierefaktor 35: So beurteilen Sie Ihr Arbeitsverhalten unter Zeitdruck

Lösung

Bei dieser Übung sind Sie sicherlich ganz schön ins Schwitzen gekommen. Aus vermeintlich simplen Rechenaufgaben baut sich unter Zeitdruck ein Stressfaktor auf, der das Konzentrations- und Leistungsvermögen der meisten Menschen im Verlauf der Zeit einschränkt. Wenn Sie sich Ihre Ergebnisse ansehen, sollten Sie zum einen Ihre Fehleranzahl und zum anderen die Anzahl der Aufgaben betrachten, die Sie erreicht haben.

Die erste Spalte kann die Mehrzahl der Menschen in der vorgegebenen Zeit bearbeiten. Dann nimmt in der Regel der Fehlerfaktor zu und die Anzahl der bewältigten Aufgaben ab. Dieser Effekt wird durch die reduzierte Zeit noch verstärkt. Einen entgegengesetzten Effekt bewirkt der Übungsfaktor, der jedoch den Stressfaktor in der Regel nicht ganz ausgleichen kann. Diese Übung können Sie auch gut mit Freunden in geselliger Runde durchführen und Ihre Ergebnisse vergleichen.

Haben Sie ein realistisches Selbstbild?

Ein realistisches Selbstbild stellt eine zentrale Grundlage für die Standortbestimmung und damit das Self Assessment dar. Die Erfahrung zeigt, dass Menschen, die sich und ihre Fähigkeiten und Kompetenzen sehr gut kennen, in der Regel erfolgreicher sind als Menschen, die sich abseits der Realität einschätzen.

Karrierefaktor 36: Entwickeln Sie eine realistische Selbsteinschätzung

10 Min.

Nachfolgend finden Sie einen Testbogen, auf dem Sie eine Selbsteinschätzung bezogen auf die angegebenen Kriterien und Eigenschaften vornehmen sollen.

Danach kopieren Sie den Fremdeinschätzungsbogen bzw. drucken die Vorlage von der CD-ROM aus und bitten Menschen aus Ihrem privaten und beruflichen Umfeld, eine Einschätzung über Sie vorzunehmen.

Arbeitsblatt: Selbsteinschätzung							
Eigenschaft	schwach ausgeprägt				stark ausgeprägt		
	-3	-2	-1	0	+1	+2	+3
kann gut organisieren							
effektiv							
schnell							
ausdauernd							
belastbar							
entschlossen							
gute Fachkenntnisse							
arbeitet fehlerfrei							
einsatzbereit							
begeisterungsfähig							
aktiv							
gewissenhaft							
fähig zu rationalisieren							
selbstständig							
verantwortungsbereit							
zielstrebig							
zuverlässig							
gute Auffassungsgabe							
gutes Gedächtnis							
intelligent							
konzentriert							
lernfähig							
logisch denkend							
problemlösend							
kreativ							
konfliktfähig							
ausgeglichen							
diszipliniert							

ehrgeizig							
aufgeschlossen							
flexibel							
kontrolliert gerne							
motivierend							
objektiv							
sensibel							
teamfähig							
tolerant							
kommunikations-freudig							

(mit freundlicher Genehmigung von Jutta Boenig, www.Boenig-Beratung.de)

Den analogen Fremdeinschätzungsbogen finden Sie – ebenso wie den Selbsteinschätzungsbogen – auf Ihrer CD-ROM, sodass Sie die beiden Bögen bequem über Ihren heimischen PC ausdrucken können.

CD-ROM

Karrierefaktor 36: So entwickeln Sie eine realistische Selbsteinschätzung

Lösung

Haben sich Ihr Selbstbild und das Fremdbild, das Sie von Ihren Auskunftspersonen erhalten haben, in großen Teilen gedeckt oder gab es enorme Abweichungen?

Wenn es große Abweichungen zwischen Selbst- und Fremdbild gab, sollten Sie die betreffenden Kategorien kritisch hinterfragen. Sprechen Sie mit den Menschen, die zu einer anderen Einschätzung als Sie gekommen sind, und lassen Sie sich möglichst anhand konkreter Beispiele erklären, wie sie diese begründen.

Wie werden Sie von anderen gesehen?

Wichtig ist in jedem Fall, dass Sie durch dieses Feedback auch das Fremdbild kennen, das andere von Ihnen haben, um einschätzen zu können, wie Sie von anderen wahrgenommen werden. Versuchen Sie in diesem Zusammenhang nicht, andere zu überzeugen oder zu „bekehren“, dass Sie ja eigentlich ganz anders sind oder eine andere Absicht mit Ihrem Verhalten verfolgen. Entscheidend ist nicht, welche Intension Sie haben, sondern was beim Gegenüber ankommt. Nehmen Sie das Fremdbild sehr aufmerksam auf und überlegen Sie, ob Sie durch eine Änderung Ihres Verhaltens eine Veränderung der Fremdwahrnehmung anstreben wollen.

Das sollten Sie in diesem Kapitel erreicht haben

Sie haben nach Durcharbeitung dieses Kapitels mehr über Ihre Persönlichkeit und Ihre Motivationsfaktoren erfahren. Mittels der Trioing-Technik haben Sie sich Eigenschaften anhand konkreter Beispiele aus der Vergangenheit bewusst gemacht. Sie haben sich mit Ihrer Kreativität beschäftigt und mehr darüber erfahren, welchen Stellenwert klassische Tugenden wie Pünktlichkeit und Zuverlässigkeit in Ihrem Leben haben. Sie wissen besser, wie Sie mit neuen Situationen umgehen und in welchen Bereichen Ihre geistige Flexibilität besonders ausgeprägt ist. Anhand der Erstellung Ihrer Prioritätenliste der Motivationsfaktoren wissen Sie, was Sie besonders anspornt. Der Test zur Belastbarkeit sowie die Analyse des Selbst-/Fremdbildes runden Ihr Bild über Ihre Persönlichkeit und Ihre Wirkung auf andere ab.

Sehen Sie sich in Ihrer Gesamtheit

Mittlerweile sind Sie schon ein richtiger Experte auf dem Gebiet des Self Assessments geworden. Die folgende Übung führt Ihnen Ihre wesentlichen Erkenntnisse klarer vor Augen:

30 Min.

Karrierefaktor 37: Stellen Sie Ihr Gesamtbild auf einer DIN-A4-Seite dar

Fassen Sie auf einer DIN-A4-Seite Ihre wesentlichen Kompetenzen und Eigenschaften zusammen. Darin sollten auch vorhandene Defizite, die Sie im Rahmen der Standortbestimmung herausgearbeitet haben, enthalten sein. Rüdiger Hohmann, Diplom-Kaufmann, hat dies beispielhaft für sich getan:

Praxis-Beispiel

Ich bin ein berufserfahrener Diplom-Kaufmann mit fundierten Kenntnissen im Bereich Marketing und Vertrieb. Aufgrund meiner mehrjährigen Tätigkeit im Vertrieb von Premium-Markenartikeln in der Körperpflegeindustrie besitze ich einen guten Überblick der unterschiedlichen Anbieter und ihrer Marktanteile. Ferner verfüge ich über ein sehr verlässliches Kontaktnetzwerk. In meiner derzeitigen Tätigkeit als Produktmanager Haarpflegeprodukte kann ich erfolgreiche Kampagnen zur Markteinführung vorweisen. Das Zusammenspiel der unterschiedlichen Bereiche im Unternehmen hat mir dabei immer besonders viel Spaß gemacht. Ich muss nur aufpassen, dass ich die Belange der technischen Bereiche wie Entwicklung und Produktion ausreichend berücksichtige. Ich besitze als Projektleiter Erfahrung in der Übernahme eines Wettbewerbers und dessen Produktportfolios und bin mit allen gängigen Marktforschungstools gut vertraut. Ich habe festgestellt, dass ich immer dann besonders erfolgreich arbeite, wenn ich stark unter Druck stehe. Ich arbeite teamorientiert und pflege einen kooperativen Führungsstil. Kritisch ist es, wenn ich Mitarbeiter habe, deren Engagement ich für zu gering halte. Dann neige ich dazu, diese zu sehr unter Druck zu setzen. Hier sollte ich noch an mir arbeiten. Ich habe gelernt, mich in meinem Arbeitsverhalten zu strukturieren, damit mein Handeln für andere nachvollziehbar ist. Seit ich in einer Führungsposition bin und eine Assistentin habe, die mir administrative Dinge abnimmt, kann ich mich wesentlich besser auf meine zielfördernden Aufgaben konzentrieren.

Es macht mir Spaß, meine Ideen vor einer großen Zahl von Menschen zu präsentieren. Ich fühle mich in meiner derzeitigen Tätigkeit ganz wohl, spüre aber, dass ich innerhalb des nächsten Jahres einen Wechsel anstreben sollte, um nicht zu sehr in Routine zu verfallen. Einen Branchenwechsel, bei dem ich wieder in ein Unternehmen mit Premium-Marken wechsle, könnte ich mir gut vorstellen. Ich kenne mich aus privatem Interesse recht gut in der Sportartikelbranche aus, das könnte ein mögliches Feld sein. Allerdings würde mich auch eine breitere Verantwortung, z. B. als Leiter Vertrieb, reizen. Hierzu müsste ich mich noch intensiver mit Themen wie Customer Relations Management (CRM) oder unterschiedlichen Vertriebssystemen beschäftigen.

Karrierefaktor 37: So stellen Sie Ihr Gesamtbild auf einer DIN-A4-Seite dar

Haben Sie Ihre Bestandsaufnahme auf einer Seite hinbekommen? Wichtig dabei ist, dass Sie den Fokus auf Ihre vorhandenen Kompetenzen und Fähigkeiten legen und nicht Ihre Defizite in den Mittelpunkt stellen. Ich erlebe in der Praxis immer wieder, dass Menschen sich nur an dem festbeißen, was sie nicht können, und viel zu wenig darüber sprechen, welche Qualifikationen und Fähigkeiten sie besitzen. Diese Übung ist auch eine gute Grundlage für die Erstellung eines Qualifikationsprofils oder einer Kurzpräsentation.

Ziele und Möglichkeiten

Ziel dieses Test & Trainingsprogramms zum Thema Self Assessment ist es in erster Linie, mehr über die eigenen Fähigkeiten und Qualifikationen zu erfahren. Wir sollten jedoch nicht schließen, bevor Sie nicht auch einen Blick nach vorne gerichtet haben.
Wenn Sie sich mit Ihren Zielen beschäftigen, stellen Sie sich die Frage, was Sie eigentlich mit Ihren Fähigkeiten und Qualifikationen erreichen wollen. Indem Sie diese „zielgerichtet" einsetzen, versuchen Sie das Beste daraus zu machen. Dazu sollten Sie aber auch wissen, was Sie eigentlich anstreben. Wie heißt der schöne Spruch: Wer nicht weiß, wohin er will, muss sich nicht wundern, wenn er nicht ankommt.

Der Blick nach außen

Beim Thema Möglichkeiten geht es in erster Linie darum, Ansatzpunkte zu finden, wie Sie die gesteckten Ziele erreichen können. Diese Betrachtung geht einher mit dem Blick nach außen. Unser persönliches und gesellschaftliches Umfeld und der Arbeitsmarkt stehen dabei im Fokus.

Wie sieht Ihre nächste berufliche Zielposition aus?

Auf der Grundlage des Self Assessments sollten Sie nun überlegen, wie Ihr nächstes berufliches Ziel aussehen könnte. Denken Sie dabei bitte nicht nur daran, was Sie dann als Einkommen anstreben. Nachfolgend einige Kriterien und Fragestellungen, die Sie berücksichtigen sollten:

Tätigkeit

- Welche inhaltlichen Aufgaben möchte ich bearbeiten?
- Welche Qualifikationen und Fähigkeiten möchte ich dabei auf jeden Fall einsetzen können?
- Soll es sich eher um eine Linienaufgabe oder um eine stärker projektbezogene Tätigkeit handeln?

- Will ich in ein Team eingebunden sein oder sehr individuell und selbstständig arbeiten?

Arbeitsform

- Strebe ich eine Festanstellung an oder möchte ich lieber freiberuflich arbeiten?
- Suche ich eine Voll- oder eine Teilzeitstelle?
- Möchte ich an einem festen Arbeitsplatz tätig oder viel unterwegs sein?

Verantwortungsbereich

- Strebe ich Mitarbeiterverantwortung an? Wenn ja, in welcher Größenordnung?
- Soll die Position mit Budgetverantwortung verbunden sein?
- Ist es mir wichtig, Handlungsvollmacht bzw. Prokura zu bekommen?

Branche

- Habe ich eine bestimmte Branchenpräferenz?

Unternehmensgröße

- Fühle ich mich eher in einem kleineren Unternehmen, im Mittelstand oder in einem Großkonzern wohl?

Region

- Wo möchte ich bevorzugt arbeiten?
- Wie groß ist der Radius von diesem Standort aus, der für mich noch in Frage kommt?

Einkommen

- Welche gehaltliche Größenordnung strebe ich an?
- Ist mir ein Fixgehalt wichtig?
- Strebe ich einen variabler Gehaltsanteil an, um die Leistung stärker zum Ausdruck zu bringen?
- Wo liegt meine gehaltliche Schmerzgrenze, wenn sonst alles stimmt?

Nebenleistungen

- Auf welche Nebenleistungen lege ich besonders Wert? (Firmenwagen, Alterversorgung, Handy, …)

K.-o.-Kriterien

- Was wären Kriterien, aufgrund derer ich eine Position auf keinen Fall annehmen würde?

Hier ein Fallbeispiel:

Praxis-Beispiel

Christina Michels ist 36 Jahre und gelernte Bankkauffrau. Sie schließt in wenigen Wochen die Ausbildung zur Bilanzbuchhalterin ab, die sie berufsbegleitend absolviert hat. Derzeit ist sie als Sachbearbeiterin bei einem Finanzdienstleistungsunternehmen tätig. Sie hat ihr nächstes berufliches Ziel anhand der nachfolgenden Kriterien beschrieben:

Kriterien	Ziele
Tätigkeit	Bilanzbuchhalterin, gesamter Kreditoren- und Debitorenbereich, Bilanzabschlüsse nach IAS und US-GAAP, internationales Umfeld
Arbeitsform	Festanstellung, bevorzugt Teilzeit Viertagewoche, begrenzte Reisetätigkeit zur Konsolidierung von ausländischen Betriebsteilen
Verantwortungsbereich	Referentenstelle oder Teamleitung mit maximal drei Mitarbeitern
Branche	flexibel, industrielles Umfeld
Unternehmensgröße	mittelständischer Betrieb ab 400 Mitarbeitern oder Tochtergesellschaft in einem Konzern
Region	Rhein-Main-Gebiet und 60 km Umkreis
Einkommen	Minimum € 60.000,-
Nebenleistungen	betriebliche Altersversorgung, Firmenwagen
K.-o.-Kriterien	japanisches oder südkoreanisches Unternehmen, Dienstreisen nach Asien

CD-ROM

Auf Ihrer CD-ROM finden Sie diese Tabelle unausgefüllt. Diese können Sie für die nächste Übung nutzen. Drucken Sie sie einfach aus oder tragen Sie Ihre Ziele direkt im PC ein.

CD-ROM

Karrierefaktor 38: Gewinnen Sie klare berufliche Zielvorstellungen

Training

Jetzt sind Sie an der Reihe: Beschreiben Sie Ihre nächste berufliche Zielposition.

Lösung

Karrierefaktor 38: So gewinnen Sie klare berufliche Zielvorstellungen

Haben Sie ein klares Bild vor Augen, wie Ihre nächste berufliche Zielposition aussehen soll?
Vielen Menschen fällt es schwer, die Anforderungen, die sie an ihre nächste Position stellen, so konkret zu formulieren. Sofern dies bei Ihnen auch der Fall ist, finden Sie auf den folgenden Seiten Hilfestellungen. Vielleicht haben Sie zwei oder drei verschiedene Zielpositionen, die Sie sich vorstellen können. Dann versuchen Sie, jede dieser Positionen möglichst konkret zu beschreiben.

Wollen Sie ganz neue Wege gehen?

Wenn Sie bei der vorausgegangenen Übung festgestellt haben, dass Sie völlig im Nebel tappen, wohin Ihre weitere berufliche Ausrichtung gehen soll, sind Sie in diesem Kapitel richtig. Es geht darum, dass Sie sich systematisch an mögliche neue berufliche Felder herantasten. Vier gedankliche Schritte sind dazu notwendig:

Vier gedankliche Schritte

1. Sie kennen Ihre Kompetenzen und Fähigkeiten.
2. Sie kennen Ihre Neigungen und Interessen.
3. Sie identifizieren mögliche neue Berufsfelder, bei denen sich Ihre Kompetenzen und Fähigkeiten, aber auch Ihre Neigungen und Interessen verbinden lassen.
4. Sie suchen konkrete Ansatzpunkte, um dieses Berufsfeld für sich zu erschließen.

Schritt 1 haben wir in diesem Test & Trainingsprogramm sehr ausführlich besprochen. Nun geht es darum, mehr über Ihre

Neigungen und Interessen zu erfahren. Beantworten Sie dazu die folgenden Fragen:

Neigungen und Interessen

- Wenn Sie freie Zeit zur Verfügung haben, womit beschäftigen Sie sich am liebsten?
- Arbeiten Sie gerne körperlich, d. h. möchten Sie etwas mit Ihren eigenen Händen gestalten?
- Lieben Sie den Kontakt mit Menschen?
- Arbeiten Sie gerne mit Daten und Informationen?
- Beschäftigen Sie sich gerne mit einem Thema ganz alleine oder macht es Ihnen mehr Spaß, mit anderen gemeinsam etwas zu tun?
- Gibt es Themen, bei denen Sie die Zeit vergessen, wenn Sie sich damit beschäftigen?
- Haben Sie schöne Erinnerungen an bestimmte Tätigkeiten, die Sie schon lange nicht mehr ausgeübt haben? Wenn ja, welche Tätigkeiten?
- Gibt es Themen, mit denen Sie sich schon länger beschäftigen möchten, bisher aber noch nicht die Zeit oder einen Ansatzpunkt gefunden haben, dies zu tun?
- Beneiden Sie Menschen um einen Beruf, eine Tätigkeit oder ein Hobby? Benennen Sie diese Tätigkeiten.
- Haben Sie bestimmte Präferenzen, wo Sie eine Tätigkeit ausüben? (innen, im Freien, Labor, Büro usw.)

Berufsfelder finden

Im nächsten Schritt geht es darum, Berufsfelder zu finden, bei denen sich Ihre Interessen und Neigungen mit Ihren Fähigkeiten und Kompetenzen verknüpfen lassen.

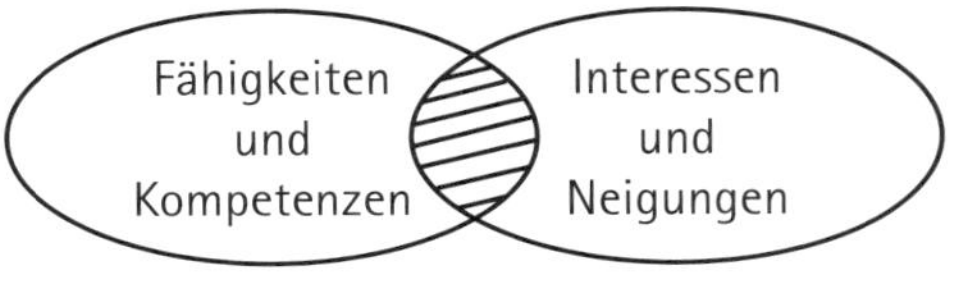

Realistische Ansatzpunkte finden

Im vierten Schritt geht es darum, mehr über diese neu entdeckten möglichen Arbeitsfelder zu erfahren. Ziel ist es, herauszubekommen, auf welchen Gebieten sich unter Berücksichtigung der Möglichkeiten des Arbeitsmarkts realistische Ansatzpunkte finden lassen, um eine berufliche Tätigkeit darauf zu begründen.

Kontakte und Informationen

Hierzu benötigen Sie in erster Linie Informationen und Kontakte zu Menschen, die sich mit den Themen schon beschäftigt haben.

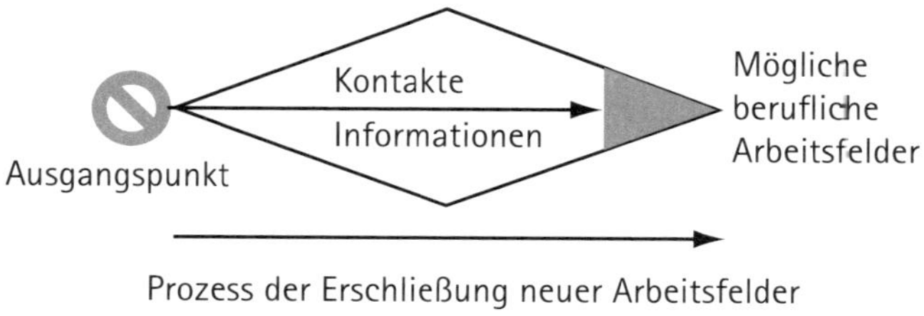

Hierzu ein Beispiel:

Carola Wegener hat ein Studium als Tierärztin absolviert und arbeitet seit vier Jahren in einer Tierarztpraxis für Kleintiere. So richtig Spaß macht ihr die Arbeit nicht mehr. Alles muss schnell gehen, es bleibt keine Zeit, um sich mit den Tieren oder den Tierhaltern intensiver zu beschäftigen. Sie spürt, wie ihre Begeisterung für ihren einstigen Traumberuf schwindet. Sie hat jedoch keine Vorstellungen, was sie sonst beruflich machen könnte.

Kernkompetenzen

Als Kernkompetenzen hat sie für sich identifiziert:

- *Ich habe ein gutes Wissen über Tiere, insbesondere Kleintiere.*
- *Ich besitze solide allgemeine medizinische Kenntnisse.*
- *Ich beschäftige mich gerne mit neuen wissenschaftlichen Erkenntnissen.*
- *Ich habe Kenntnisse in der Architektur.*
- *Ich besitze ein gutes räumliches Vorstellungsvermögen.*
- *Ich kann Sachverhalte gut beschreiben und visualisieren.*
- *Ich habe aufgrund meines freundlichen und hilfsbereiten Wesens eine hohe Akzeptanz bei Kunden.*
- *Ich besitze ein ausgeprägtes Einfühlungsvermögen.*
- *Ich habe Geduld im Umgang mit Menschen und Tieren.*
- *Ich bin kreativ bei der Lösung von Aufgaben.*
- *Ich habe Organisationsgeschick.*
- *Ich besitze eine hohe Belastbarkeit.*

- *Ich habe klare Vorstellungen, wie eine Aufgabe angegangen werden sollte.*
- *Ich bin bereit, einen hohen Einsatz zu bringen, damit ich mein Ziel erreiche.*

Interessen und Neigungen

Bei ihren Interessen und Neigungen kam sie auf die folgenden Punkte:

- *Ich beschäftige mich gerne mit der Psyche der Tiere.*
- *Ich arbeite gerne im direkten Kontakt mit Tieren und Menschen.*
- *Ich beschäftige mich sehr gerne mit älteren Menschen.*
- *Ich interessiere mich für Feng Shui (asiatische Lehre über die Gestaltung von Räumen).*
- *Ich möchte gerne etwas verändern und gestalten.*
- *Ich bevorzuge eine selbstständige Tätigkeit mit freier Zeiteinteilung.*
- *Ich liebe es, andere Menschen für das zu begeistern, wovon ich selbst überzeugt bin.*
- *Ich spiele gerne Klavier.*
- *Ich mache gerne Radtouren an Flüssen entlang.*

Mögliche Arbeitsfelder

Aus diesen beiden Zusammenstellungen versucht sie, verschiedene Kombinationen zu bilden, die mögliche Arbeitsfelder für sie sein könnten: Dabei geht sie wie bei einem Brainstorming völlig spontan vor und schreibt das auf, was ihr in den Sinn kommt, ohne zunächst darüber nachzudenken, ob das eine realistische Alternative sein könnte.

- *Arbeit mit Tieren und älteren Menschen*
- *Gestaltung von Wohnräumen für ältere Menschen unter Berücksichtigung medizinischer Belange und Feng Shui*
- *Entwicklung neuer Konzepte und Therapien für ältere Menschen unter Einbeziehung von Tieren*
- *Schaffung von Kooperationen zwischen Altersheimen und Tierheimen*

Da sich Carola Wegener bisher nicht mit diesen Arbeitsfeldern beschäftigt hat, heißt der nächste Schritt nun, sich diese unterschiedlichen Felder näher zu erschließen. Dies kann sie am besten durch die Recherche von Informationen und den Kontakt mit Menschen erreichen.

Recherche von Informationen

Für die Recherche von Informationen über die möglichen Arbeitsfelder beginnt sie zunächst damit herauszubekommen, ob es bereits zu diesen Gebieten Erfahrungen und Erkenntnisse gibt. Ihre Medienkompetenz bei der Beschaffung von Informationen hilft ihr dabei. So nutzt sie das Internet, setzt sich mit Verbänden in Kontakt und besorgt sich Literatur zu den einzelnen Themenfeldern.

Kontakte

Im nächsten Schritt versucht sie, Kontakt zu Personen zu finden, die auf diesen Gebieten bereits tätig sind oder zumindest Kenntnisse oder Erfahrungen besitzen.

Wichtig ist, dass Carola Wegener in diesem Prozess ganz bewusst alle Wahrnehmungsorgane auf „Empfang" schaltet. Egal ob sie sich mit Freunden oder Kollegen unterhält, einen Beitrag im Fernsehen sieht oder eine Fachzeitschrift liest, immer ist im Hinterkopf der Gedanke parat: Ist diese Information im Hinblick auf die weitere Erschließung der möglichen Arbeitsfelder hilfreich für mich?

Motivierend ist für sie die Erfahrung, dass es wesentlich einfacher ist, auf Menschen zuzugehen und sie über Themen, mit denen sie sich beschäftigen, zu befragen, als sie vermutete. Indem Carola Wegener ihr Interesse an dem betreffenden Thema zum Ausdruck bringt und den Gesprächspartnern Wertschätzung zuteil werden lässt, öffnen sich viele Türen, die zunächst verschlossen schienen.

PIE-Methode

Daniel Porot, ein französischer Bewerbungsberater aus Genf und Schüler des auf Seite 117 bereits erwähnten Karriereexperten Richard Bolles, hat dieses Vorgehen unter dem Begriff PIE systematisch ausgebaut. Dabei steht

- P für Plaisir oder privat,
- I für Information oder informelle Geschichte,
- E für Einstellinterviews.

Porot und Bolles unterrichten diese Methode, die wir im Folgenden erläutern wollen, sehr erfolgreich in ihren Seminaren und haben damit Tausenden von Menschen helfen können, sich neue berufliche Perspektiven zu erschließen.

Auf fremde Menschen zugehen

Um die Hemmung zu überwinden, auf fremde Menschen zuzugehen, schlagen sie vor, dies zunächst bei Themen zu versuchen, die mit dem beruflichen Ziel nichts zu tun haben und bei denen daher die Angst, zurückgewiesen zu werden oder zu versagen, sehr gering ist.

Plaisir oder privat

Carola Wegener sprach zunächst mit Menschen über eines ihrer Hobbys, Radtouren entlang von Flüssen. Dabei stellte sie fest, wie leicht es ihr fiel, spontan auf Menschen zuzugehen, sei es in einem Radclub, bei einem Reiseveranstalter von Fahrradtouren oder auch im Kreis von Freunden, die ihr Hobby teilen. Diese Gespräche stellen die erste Stufe, das „P“ dar.

Information oder informelle Gespräche

In der zweiten Stufe („I“) ging sie auf Menschen zu, die in den von ihr angestrebten Arbeitsfeldern Erfahrung oder Kenntnisse besitzen. Sie sprach mit Betreibern von Altersheimen, Wissenschaftlern auf dem Gebiet der Therapie von älteren Menschen, Betreuern in Tierheimen und Innenarchitekten.

Einstellinterviews

Mit diesem Schatz an neuen Informationen und Kontakten sucht sie schließlich konkrete Ansprechpartner, die als mögliche Auftraggeber, Projektpartner und Arbeitgeber für sie in Frage kommen. Diese Gespräche stehen für das „E“.

Karrierefaktor 39: Erschließen Sie sich neue Berufsfelder

Training

Nun sind Sie an der Reihe. Versuchen Sie, sich nach obigem Schema neue Berufsfelder zu erschließen.

Lösung

Karrierefaktor 39: So erschließen Sie sich neue Berufsfelder

Konnten Sie aus diesen Anregungen neue Ansatzpunkte für sich entwickeln und Arbeitsfelder identifizieren? Diese Übung lässt sich sicherlich nicht einfach mal so in einer guten halben Stunde bearbeiten. Wenn Sie aber wirklich auf der Suche nach neuen Wegen sind, werden Sie die Energie aufbringen, die beschriebenen Schritte zu tun. Sie werden dabei eines feststellen: Es wird Felder geben, die für Sie zunächst spannend klingen, bei näherem Betrachten aber an Attraktivität verlieren. Das bedeutet, dass dieses Vorgehen immer wieder auch zu Sackgassen führen wird. Durch die Beschäftigung mit Arbeitsfeldern werden sich aber auch immer wieder ganz neue Optionen eröffnen, an die Sie vorher gar nicht gedacht haben oder die Ihnen einfach unbekannt waren. Verlassen Sie sich hier auf Ihr „Bauchgefühl", es ist ein sehr verlässlicher Indikator dafür, ob sich eine mögliche Option als wirklich interessant erweist oder keine weitere Bedeutung für Ihre Neuausrichtung hat.
Gerade in dieser Phase der Neuorientierung ist es sehr hilfreich, professionelle Unterstützung durch einen Karriereberater zu erhalten, der den Prozess kompetent begleiten kann.

Sind Sie ein guter Networker?

Kontakte haben hohen Stellenwert

Kontakte haben einen hohen Stellenwert bei der Erreichung von Zielen und der Erschließung neuer Möglichkeiten. So werden rund 80 Prozent aller Jobs nicht über offizielle, allgemein zugängliche Wege vergeben, sondern über Kontakte oder Empfehlungen. Fragen Sie doch in Ihrem privaten Umfeld, wie die Menschen zu ihren derzeitigen Arbeitplätzen gekommen sind. „Ich kannte jemanden." – „Das hat sich so ergeben." – „Im Rahmen meiner Diplomarbeit wurde ich angesprochen, ob ich mir auch eine dauerhafte Mitarbeit im Unternehmen vorstellen kann." – das sind Antworten, die immer wieder gegeben werden.

Kontakte und Empfehlungen haben etwas mit Vertrauen zu tun. Indem eine Empfehlung ausgesprochen wird, erhält die betreffende Person einen Vertrauensvorschuss. Schließlich hat derjenige, der die Empfehlung ausspricht, wohl gute Erfahrungen gemacht, sonst würde er dies nicht tun. Vertrauen

Wenn Sie beispielsweise in eine neue Stadt ziehen und einen Zahnarzt suchen: Wie gehen Sie vor? Blättern Sie einfach im Branchenbuch und nehmen den nächstbesten? In der Regel nein, schließlich ist das mit dem Zahnarzt so eine Sache. Vermutlich fragen Sie in Ihrem eigenen Umfeld nach, wer einen guten Zahnarzt kennt, den er empfehlen kann. Sollen doch die anderen zunächst schlechte Erfahrungen machen und sich als „Versuchskaninchen" zur Verfügung stellen.

Ob es sich um die Besetzung von Jobs, die Auswahl eines guten Handwerkers oder eine seriöse Geldanlage handelt, immer wieder versuchen wir, Risiken zu reduzieren. Indem Sie sich ein breites Kontaktnetzwerk aufbauen, erleichtern Sie sich den Zugang zu Informationen und reduzieren Risiken.

Kontakte zu knüpfen ist das eine, sie zu pflegen das andere. Nur wenn Sie regelmäßig „im Gespräch bleiben", werden Sie im Bedarfsfall auch ohne Probleme auf Ihre Kontaktperson zugehen können. Eine Karte zu Weihnachten, ein Gruß zum Geburtstag oder ganz einfach nur mal ein Anruf zwischendurch lassen Kontakte nicht einrosten. Kontakte pflegen

Karrierefaktor 40: Stellen Sie Ihre Fähigkeiten im Networking unter Beweis 30 Min.

Bitte erstellen Sie eine Liste mit 50 Personen, die Sie kennen und auf die Sie auch mit Fragen oder einer kleinen Bitte zugehen könnten.

Karrierefaktor 40: So stellen Sie Ihre Fähigkeiten im Networking unter Beweis

Sie sagen, Sie kennen nicht so viele Leute? Dann sind Sie in guter Gesellschaft. In meinen Coachingprogrammen werde ich immer wieder genau mit dieser Reaktion konfrontiert. Natürlich kennen Sie deutlich mehr als 50 Menschen! Viele Kontakte sind Ihnen einfach nicht bewusst oder sie sind wieder in Vergessenheit geraten. Erinnern Sie sich an die Übung, wie Sie Ihre Gedanken strukturieren? Dort haben wir bereits bei der Visualisierungstechnik des Mindmaps eine Zusammenstellung von Kontakten kennen gelernt (vgl. Seite 80).

Versuchen Sie anhand dieser Übersicht nochmals die 50 Namen zusammenzutragen. Haben Sie an die Mitglieder Ihrer Kirchengemeinde gedacht? An Ihre Nachbarn? Die Teilnehmer, mit denen Sie einen Kurs in der Volkshochschule besucht haben? Den Tankwart, bei dem Sie immer tanken? Ihren Hausarzt?

Überlegen Sie, wobei Ihnen Kontakte bisher in Ihrem Leben hilfreich waren:

- Um was für Kontakte hat es sich gehandelt?
- Mit welchen Menschen können Sie besonders gut „networken“?
- Wie intensiv pflegen Sie Kontakte?
- Sind Sie Mitglied in Vereinen oder Verbänden?

Kennen Sie Ihren Marktwert?

Die Ermittlung des Marktwerts ist letztendlich wie das Zusammenfügen eines Puzzels. Wesentlichen Einfluss auf Ihren Marktwert haben die nachfolgenden Kriterien:

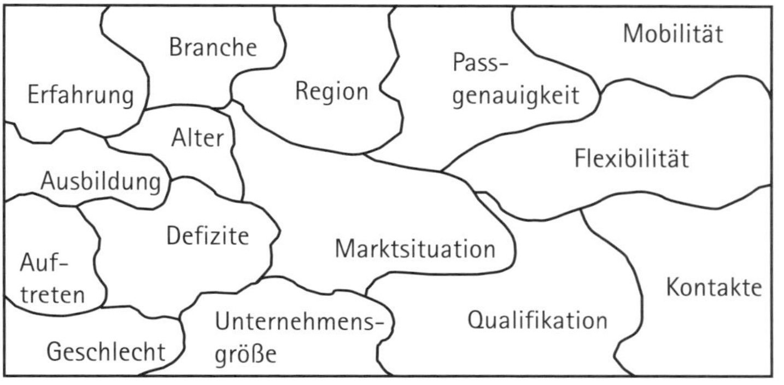

- Die Bandbreite Ihrer Erfahrung und nachweisbare Erfolge sind für einen Arbeitgeber echtes Geld wert. Erfahrung
- Die gleiche Tätigkeit wird in unterschiedlichen Branchen sehr verschieden bezahlt. Das hängt auch mit den Tarifabschlüssen der einzelnen Branchen zusammen. So wird eine Sekretärin in der Metallbranche bei gleicher Leistung und gleichem Tätigkeitsumfang anders bezahlt als in der Chemieindustrie. Branche
- Die regionalen Gehaltsunterschiede sind oft beachtlich. Wenn Sie beispielsweise in München eine Position antreten, sollte diese deutlich höher dotiert sein als eine vergleichbare Postion in Bremerhaven. Da die Lebenshaltungskosten sehr unterschiedlich sind, benötigen Sie in München auch wesentlich mehr Geld, um sich einen vergleichbaren Lebensstandard leisten zu können. Region
- Je besser Sie den Anforderungen der Stelle entsprechen, desto mehr wird der Arbeitgeber bereit sein, für Sie zu bezahlen. Passgenauigkeit
- Wenn Sie überregional oder vielleicht sogar deutschlandweit bereit sind zu arbeiten, können Sie einen höheren Marktwert ansetzen, da mehr Angebote für Sie in Frage kommen und Mobilität seitens der Arbeitgeber häufig nachgefragt wird. Mobilität
- Je breiter Sie aufgrund Ihrer Kenntnisse und Qualifikationen eingesetzt werden können, je beweglicher Sie mit Ihren Arbeitszeiten sind, desto einfacher ist es für einen Arbeitgeber, Sie im Unternehmen sinnvoll zu platzieren. Flexibilität

- Marktsituation: Bei schlechter Konjunktur oder einer Flaute in einer bestimmten Branche oder Fachrichtung sinkt in der Regel der Marktwert eines Kandidaten. In unserem marktwirtschaftlichen System bestimmen Angebot und Nachfrage den Preis. Je mehr gut qualifizierte Banker oder IT-Fachleute beispielsweise auf dem Markt zur Verfügung stehen, desto weniger müssen Arbeitgeber bereit sein zu bezahlen.
- Alter: Das Alter hat in den meisten Tarifverträgen Einfluss auf die Höhe der Vergütung. Mit zunehmendem Alter wird es für viele Arbeitnehmer schwieriger, auf dem bisherigen Gehaltsniveau eine neue Beschäftigung zu finden. Aber auch Jugendliche, die gerade nach der Ausbildung eine Erstanstellung suchen, haben zu kämpfen. Wer zu jung ist, hat noch keine Erfahrung, tut sich deshalb schwer auf dem Arbeitsmarkt und muss auch gehaltlich Zugeständnisse machen.
- Ausbildung: Der Berufsabschluss, der Studienabschluss (FH oder Uni), die Fachrichtung, aber auch Zusatzqualifikationen wie eine Promotion oder ein MBA haben Einfluss auf den Marktwert.
- Auftreten: Der Marktwert ist kein absoluter Begriff, sondern hat viel damit zu tun, wie Sie es verstehen, sich und Ihre Qualifikation zu präsentieren. Ihr Erscheinungsbild und auch Ihr Selbstbewusstsein spielen hier eine wichtige Rolle. Wer beispielsweise arbeitslos ist, dem fällt es oft schwerer, souverän aufzutreten und Forderungen zu stellen.
- Defizite: Unter den Begriff „Defizite“ fallen alle Aspekte, die Sie einschränken oder Ihnen von Nachteil sind. Häufig handelt es sich um gesundheitliche Einschränkungen wie beispielsweise eine Schwerbehinderung.
- Geschlecht: Traurig, aber wahr: Nach wie vor sagt die Statistik, dass Frauen bei gleicher Qualifikation im Durchschnitt weniger verdienen als ihre männlichen Kollegen.
- Unternehmensgröße: Großunternehmen bezahlen insbesondere bei Einbeziehung von Nebenleistungen besser als kleine Betriebe.
- Qualifikation: Ihre Qualifikation, die Sie einem Arbeitgeber anbieten können, hat zentralen Einfluss auf Ihren Marktwert. Für Arbeitgeber stellt sich bei jeder Einstellentscheidung die Frage: Welchen Nutzen habe ich von diesem Bewerber?

Vielleicht fallen Ihnen noch weitere Faktoren ein, die Ihren Marktwert mitbestimmen. Wenn man Sie beispielsweise schon kennt, weil Sie in dem Unternehmen schon als Werkstudent(in) gearbeitet haben oder weil Sie als Mitarbeiter(in) bei der Konkurrenz sehr erfolgreich sind und man Sie unbedingt abwerben möchte.

Je geringer ein Arbeitgeber das Risiko für sich einschätzt, bei der Stellenbesetzung einen Fehlgriff zu tun, desto mehr ist er in der Regel bereit zu bezahlen. Ihre Aufgabe besteht demnach darin, alles zu tun, um einem potenziellen Arbeitgeber seine Bedenken und Zweifel zu nehmen.

Karrierefaktor 41: Entwickeln Sie eine realistische Einschätzung Ihres eigenen Marktwerts

Training

Wir haben bereits über die Frage gesprochen, wie Ihre nächste berufliche Zielposition aussieht. Überlegen Sie sich bitte, wie hoch Ihr Marktwert bezogen auf diese Position derzeit wäre.

Lösung

Karrierefaktor 41: So entwickeln Sie eine realistische Einschätzung Ihres eigenen Marktwerts

Haben Sie einen konkreten Wert fixiert, den Sie für realistisch halten? Wie können Sie Informationen erhalten, um eine realistische Einschätzung Ihres Marktwerts vornehmen zu können?

Tarifverträge

Tarifverträge können eine ersten Einblick in die Gehaltsstruktur der Branche in der jeweiligen Region liefern. Auch die Gehälter von Bekannten und Kollegen, die in vergleichbaren Positionen tätig sind, ergänzen das Bild.

Jobbörsen

Die Jobbörsen bieten auf ihren Seiten häufig auch einen Button „Gehaltsvergleich". Dort können Sie Ihre relevanten Daten eingeben und erhalten eine Bandbreite, innerhalb derer sich vergleichbar qualifizierte Personen bewegen. Eine Orientierung stellt sicherlich auch Ihr bisheriges Gehalt dar, aber Vorsicht: Ziehen Sie dieses nicht als alleiniges Orientierungskriterium heran. Die Zeiten, in denen ein Stellenwechsel automatisch mit zehn bis 15 Prozent Gehaltssteigerung einherging, sind vorbei.

Erfahrung bei Vorstellungsgesprächen

Auch Ihre Erfahrungen, die Sie bei Vorstellungsgesprächen sammeln, können als Orientierung gelten. Wenn das Gespräch immer sehr gut verläuft und dann, wenn es auf die Gehaltsvorstellungen kommt, abrupt abfällt, sollten Sie über Ihren realistischen Marktwert nochmals nachdenken.

Sind Sie eine Marke?

Unternehmen lassen sich Markenzeichen sichern, um Alleinstellungsmerkmale zu besitzen. Auch Sie sollten eine unverwechselbare Marke mit einem Image besitzen, die Sie zu etwas ganz Besonderem macht und anderen dabei hilft, Sie wiederzuerkennen.

Nachfolgend ein Beispiel zum besseren Verständnis.

Praxis-Beispiel

Andrea Staufer ist 42 Jahre alt, eine berufserfahrene Marktforscherin, die mitten im Leben steht. Ihre Umwelt nimmt sie als in sich runde, ausgeglichene Persönlichkeit wahr. Hierzu gehört, dass sie ein sicheres, jedoch sehr verbindliches Auftreten besitzt. Sie weiß, was sie kann, ist jedoch unkompliziert im Umgang. Andrea Staufer bevorzugt einen modisch-sportlichen Kleidungsstil. Sie wirkt sehr jugendlich, bewegt sich locker und ist in der Regel gut gelaunt. Andere Menschen sind gerne mit ihr zusammen, da sie eine positive Ausstrahlung besitzt. Ihr Aussehen, ihre Körpersprache und ihr Verhalten wirken authentisch und stimmig. Sie hat gute Umgangformen und kann sich in unterschiedlichen Kreisen sicher bewegen.

Karrierefaktor 42: Beschreiben Sie Ihre Marke

Training

Versuchen Sie bitte Ihre Marke, das, was Sie als Erkennungszeichen nach außen verkörpern, zu beschreiben – ähnlich, wie wir es Ihnen am Beispiel Andrea Staufer vorgeführt haben.

Lösung

Karrierefaktor 42: So beschreiben Sie Ihre Marke

Haben Sie Ihre Marke entdeckt? Und wenn ja, sind Sie damit zufrieden?

Überlegen Sie sich, was Sie an Ihrer Marke ändern können und ändern wollen. Unterschätzen Sie nicht die Bedeutung des äußeren Erscheinungsbildes und Ihrer Wirkung auf andere, insbesondere für den ersten Eindruck.

Die Gesamterscheinung zählt

Kleider machen Leute, schrieb schon Gottfried Keller. Aber hinter Ihrer Marke steckt mehr als nur die Kleidung. Ihr Outfit wird geprägt durch eine fein abgestimmte Gesamterscheinung. Hierzu gehören die Frisur, die Schuhe, der Schmuck, das Parfüm bzw. Aftershave und bei den Damen auch das Make-up. Auch Piercing oder Tatoos haben Einfluss darauf, wie Sie von anderen wahrgenommen werden. Ist Ihr Gesamterscheinungsbild in sich stimmig? Wirken Sie gepflegt, aufgedonnert, leger oder nachlässig? Wie passt Ihr Verhalten, die Art und Weise, wie Sie sich bewegen und geben, zu diesem Outfit? Betrachten Sie sich einmal von oben bis unten, bevor Sie aus dem Haus gehen?

Warum behandeln wir dieses Thema im Zusammenhang mit Ihren Zielen und Möglichkeiten?

Letztendlich hat Ihre persönliche Marke auch Einfluss darauf, was man Ihnen zutraut und welche Möglichkeiten sich Ihnen bieten. Ein Unternehmensvertreter, der mit einem Bewerber im Vorstellungsgespräch sitzt, stellt sich immer wieder die Frage: Ist das, was ich von dem Bewerber als „Marke" wahrnehme, so, dass ich auf diese Art und Weise mein Unternehmen repräsentiert haben möchte? Schließlich werden Sie als Mitarbeiter eines Unternehmens dessen Visitenkarte bekommen. Sie und das Unternehmen sind damit unweigerlich zu einer Einheit verbunden. Wenn ein Kunde mit Ihnen unzufrieden ist, bedeutet das nicht, dass er schlecht über Sie redet, sondern Sie und Ihre Marke mit dem Unternehmen gleichsetzt und schlecht über das Unternehmen redet. Umgekehrt gilt, wenn Sie sich gut präsentieren, repräsentieren Sie auch Ihr Unternehmen gut.

Sind Sie in der Balance?

Nachfolgend sehen Sie das magische Viereck der Life-Work-Balance.

Magisches Viereck der Life-Work-Balance

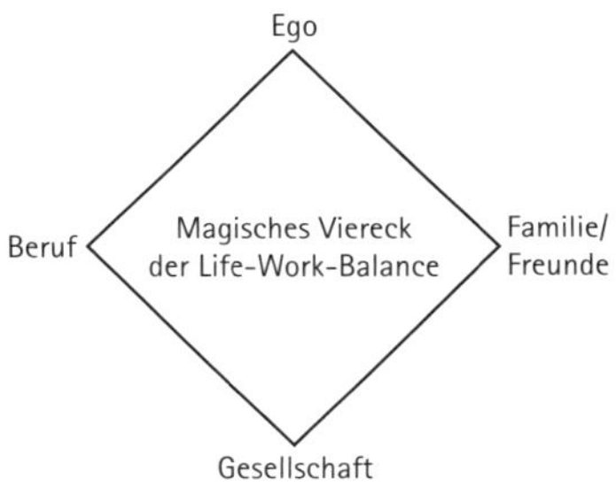

Die vier Eckpunkte bilden:

- **Ihr Ego**
  Hierunter verstehen wir, das was Sie für sich tun, z. B. körperliche Fitness, Wellness, Musik, ein schönes Buch lesen, einfach das, wozu Sie Lust haben.
- **Ihr Beruf**
  Hierunter verstehen wir die Zeit und das Engagement, die Sie für Ihren Beruf investieren.
- **Familie/Freunde**
  Dieser Eckpunkt repräsentiert Ihr Privatleben, Ihre Familie und Ihre engsten Freunde.
- **Gesellschaft**
  Sie sind nicht nur Teil Ihrer Familie, sondern auch ein Mitglied der Gesellschaft. Dieser Eckpunkt steht für Ihr Engagement in öffentlichen Ehrenämtern oder im sozialen Bereich.

Ego

Beruf

Familie/Freunde

Gesellschaft

Karrierefaktor 43: Befinden Sie sich in Balance

5 Min.

In der Regel ist das Viereck bei den meisten Menschen nicht so gleichseitig wie im obigen Quadrat ausgeprägt. Bitte zeichnen Sie zunächst Ihr magisches Viereck, wie es sich heute für Sie darstellt. Im Anschluss zeichen Sie bitte das Viereck so, wie Sie es sich zukünftig wünschen würden.

Lösung

Karrierefaktor 43: So befinden Sie sich in Balance

Wie stellt sich Ihr Viereck heute dar? Hat einer der Bereiche eine klare Dominanz? Ist bei Ihnen beispielsweise die Achse Beruf und Familie/Freunde sehr dominant ausgeprägt?

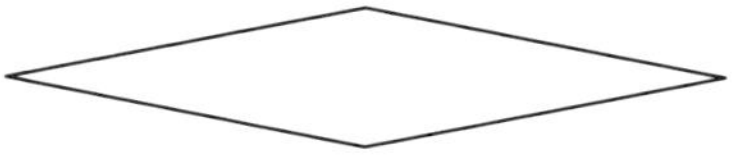

Das bedeutet, dass Sie nicht viel Zeit für Ihr Ego oder gesellschaftliches Engagement investieren, weil Sie der Beruf und die Familie voll in Beschlag nehmen.
Oder sieht Ihr Viereck vielleicht so aus?

Typisch für junge Mütter

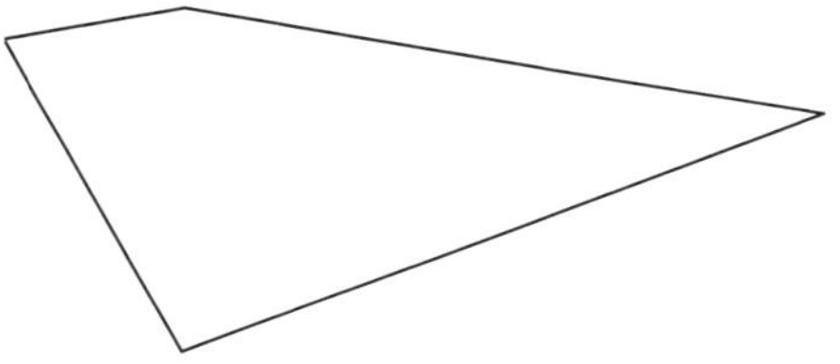

Das ist das typische Viereck junger Mütter, die für sich kaum Zeit haben, den Beruf zunächst ganz hintanstellen und vorrangig für die Familie und nebenbei ehrenamtlich im Kindergarten, in der Kirche oder als Elternbeirat tätig sind.

Typisches Manager-Viereck

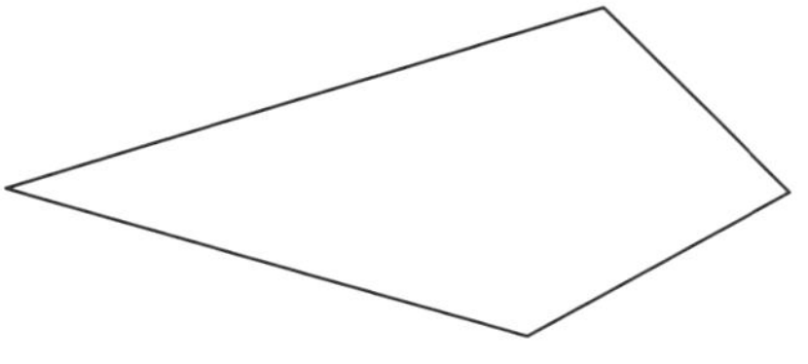

Das ist sicherlich das Manager-Viereck, bei dem der Beruf eine ganz klare Dominanz hat und über den Beruf häufig noch gesellschaftliches Engagement in Verbänden stattfindet.
Interessant ist jetzt natürlich, wie Ihr Wunsch-Viereck im Vergleich zum Ist-Viereck aussieht.

Sicherlich gibt es nicht für jeden das gleiche Wunsch-Viereck – und das ist auch gut so. Sie sollten nur überlegen, was Sie tun können, um Ihre individuell angestrebte Balance zu erreichen.
Auf Dauer ist es sicherlich gefährlich, wenn ein Bereich vollkommen dominiert und andere Bereiche komplett vernachlässigt werden.

Gesunder Egoismus

Gerade beim Ego ist immer wieder festzustellen, dass Menschen, die dauerhaft sich und ihre persönlichen Bedürfnisse vernachlässigen, Probleme bekommen, beispielsweise gesundheitliche wie Übergewicht oder Rückenprobleme aufgrund zu geringer Bewegung. Je mehr Sie Ihr Ego hintanstellen, desto höher ist auch die Gefahr der Unzufriedenheit. Diese drückt sich in der Regel wieder in Ihrem Verhalten aus in Form ständigen Lamentierens, Neid oder der Erwartung von Dankbarkeit für das, was Sie alles für andere tun – keine Verhaltensweisen, die von der Umwelt positiv aufgenommen werden. So gesehen ist ein gesunder Egoismus, ein bisschen Balsam für die eigene Seele und den Körper, im Grunde ein sehr soziales Verhalten. Sie kennen sicherlich auch das Gefühl der Zufriedenheit, wenn Sie sich eine Freude gemacht oder etwas gegönnt haben. Zufriedene Menschen sind für gewöhnlich angenehme Zeitgenossen, mit denen man gerne zusammen ist.
Überlegen Sie deshalb, wie Sie zu mehr Balance in Ihrem Leben kommen. Sie tun sich und Ihrer Umwelt damit etwas Gutes.

To Do

So finden Sie zu mehr Balance

- Belohnen Sie sich regelmäßig für geleistete Arbeit. Ein kleiner Spaziergang, ein Besuch im Kino oder ein schönes Buch werden Ihre Lebensgeister wieder beflügeln und Ihnen Kraft für neue Aktivitäten bringen.
- Wenn Sie zeitlich sehr eingespannt sind, versuchen Sie, Dinge miteinander zu kombinieren.
- Sport kann man auch zusammen mit Freunden oder dem Partner betreiben, das macht oft sogar mehr Spaß und Sie tun für zwei Eckpunkte Ihres Vierecks zugleich etwas.
- Lernen Sie, Hilfe anzunehmen. Wenn Sie beruflich mehr und mehr engagiert sind, sollten Sie darüber nachdenken, wie Sie

sich beispielsweise zu Hause durch externe Hilfe eine Erleichterung schaffen und somit Zeit gewinnen.

- Nehmen Sie Abschied vom Perfektionismus. Viele Menschen können nicht delegieren – weder beruflich noch privat –, weil sie denken, dass die Arbeit dann nicht in der Art und Weise bzw. in der Qualität verrichtet wird, wie sie es gerne hätten. Werden Sie toleranter und offen für andere Wege.
- Nutzen Sie Technik, um sich das Leben zu erleichtern. Warum müssen Sie die E-Mails an Ihrem Schreibtisch bearbeiten? Wenn Sie ein Laptop besitzen, können Sie auch im Garten arbeiten. Die Flexibilität der Arbeitswelt nimmt zu. Dies können Sie sich auch zunutze machen, indem Sie beispielsweise versuchen, einen Tag in der Woche von zu Hause aus zu arbeiten. Sie werden feststellen, dass sich beispielsweise konzeptionelle Themen wesentlich besser in der ungestörten Atmosphäre daheim bearbeiten lassen als im allgemeinen Bürotrubel. Mit einer Telefon- und Datenleitung sind für Sie alle Informationen leicht zugänglich und sparen sich einen Tag die Fahrtwege.

Das sollten Sie in diesem Kapitel erreicht haben

Sie haben sich Gedanken gemacht, wie Ihre nächste Zielposition aussehen soll. Sofern Sie sich beruflich neu orientieren wollen, hilft Ihnen die vorgestellte Methodik, neue Arbeitsfelder zu identifizieren. Ihnen ist bewusst, wie wichtig ein breites Kontaktnetzwerk ist und dass Sie dieses nicht nur aufbauen, sondern auch pflegen müssen. Sie haben sich mit Ihrem Marktwert beschäftigt und kennen die Einflussfaktoren. Ihnen ist bewusst geworden, dass Ihr Erscheinungsbild und die Art und Weise, wie Sie von anderen wahrgenommen werden, einen wichtigen Einfluss auf Ihre Zielerreichung und Ihre Möglichkeiten haben. Sie arbeiten daran, eine in sich stimmige, persönliche „Marke" zu entwickeln. Und Sie haben sich mit der Frage beschäftigt, ob Sie sich in der Balance befinden und was Sie tun können, um zu einem besseren Gleichgewicht zu kommen.

Die weitere Entwicklung aktiv gestalten

Langsam neigt sich dieses Buch seinem Ende. Sie haben eine Vielzahl von Tests und Übungen durchgeführt, um im Rahmen des Self Assessments mehr über sich zu erfahren.
Jetzt gilt es, all die Einzelbausteine zusammenzutragen, damit Sie eine klare Vorstellung davon bekommen, wohin Ihre Reise gehen soll und wie Sie Ihre gesteckten Ziele erreichen können.

Test 1: Ein Tag in meinem Leben in fünf Jahren

Beschreiben Sie möglichst konkret einen Tag in Ihrem Leben, wie Sie ihn sich in fünf Jahren wünschen. Diese Vision sollte ein möglichst typischer Tag sein, der viele Elemente enthält, die Sie in Ihrer Wunschvorstellung bildlich vor sich haben.

Training

Hier ein Beispiel:

Praxis-Beispiel

Rüdiger Hofmann hat sich entschlossen, sich selbstständig zu machen. Er war bisher in einem Unternehmen tätig, das Anlagen für die alternative Energiegewinnung und -nutzung produziert. Er besitzt solides technisches und kaufmännisches Fachwissen und kann gut auf Menschen zugehen, sodass ihm auch der vertriebliche Aspekt seines zukünftiges Arbeitsfeldes nicht schwer fällt. Seine Geschäftsidee besteht darin, Unternehmen und private Hausbesitzer im Hinblick auf den Einsatz alternativer Energien zu beraten, Komplettangebote zu erstellen und die Projekte in Zusammenarbeit mit Herstellern selbst zu realisieren und zu begleiten.
Hier seine Geschichte, wie er sich einen Tag in fünf Jahren vorstellt.

Ich stehe um 6.30 Uhr auf, frühstücke gemeinsam mit meiner Frau und meinen beiden Kindern und lese dann zunächst die Tageszeitung. Gegen 8 Uhr gehe ich in mein Büro, das ich in meinem Wohnort eingerichtet habe, um Fahrzeiten zu sparen. Das Büro hat eine gute Verkehrsanbindung, ist hell und freundlich eingerichtet und bietet auch Platz, um Beratungsgespräche mit Kunden in einer angenehmen Atmosphäre durchführen zu können. Es ist mir gelungen, den Besitzer des Bürogebäudes vom Einsatz alternativer Energiequellen zu überzeugen, sodass ich den Kunden im Gebäude bereits konkrete Anwendungsbeispiele zeigen kann. Ich habe zwei Mitarbeiter, einen Techniker und einen Kaufmann, mit denen ich mich morgens zunächst abstimme, welche Projekte konkret an diesem Tag bearbeitet werden sollen. Meine Frau hilft uns im Sekretariat, während die Kinder in der Schule sind. Seitdem Sie wieder berufstätig ist und uns unterstützt, ist sie wesentlich zufriedener geworden, was sich auch positiv auf unsere Ehe ausgewirkt hat.

Ich selbst habe an diesem Tag eine wichtige Präsentation bei einem möglichen Großkunden. Es geht um die Umrüstung eines Zwölffamilienhauses von einer Ölheizung zu einem Blockheizkraftwerk. Ich bin gut vorbereitet, kann Referenzprojekte vorstellen und habe eine in sich schlüssige Kalkulation vorbereitet, die auch mögliche Fördermittel und steuerliche Aspekte beinhaltet. Ich denke, dass ich hieraus einen Auftrag realisieren kann. Mittags essen wir gemeinsam zu Hause, was ich ganz besonders genieße, da ich jetzt viel mehr von den Kindern und dem, was sie in der Schule so beschäftigt, mitbekomme. Am Nachmittag werde ich mich mit dem Vorsitzenden des Bauausschusses unserer Gemeinde treffen, um über ein Konzept für unsere Gemeindehalle zu sprechen. Heute ist ja Mittwoch, da gehe ich abends mit meinen Freunden joggen und anschließend noch ein Glas Bier trinken, als netter Tagesausklang.

Ich bin innerhalb unserer Region als anerkannter Fachmann geschätzt und akzeptiert, mittlerweile Mitglied im Gemeinderat und konnte mir in den fünf Jahren meiner Selbstständigkeit ein breites Kontaktnetzwerk aufbauen. Ich bilde mich regelmäßig weiter, um immer auf dem neuesten Stand der Technik zu sein. Das erwarten meine Kunden schließlich von mir.

Eine gute Entscheidung, dass ich mich damals selbstständig gemacht habe. Ich bin in einem Wachstumsmarkt tätig, habe Freude an meiner Arbeit und stehe finanziell recht gut da.

So nun sind Sie an der Reihe. Ergänzen Sie Ihre Beschreibung, indem Sie tatsächlich ein Bild von dem Szenario malen, das Sie in fünf Jahren beschreiben. Malen Sie das Bild so bunt wie möglich, integrieren Sie sich in dieses Bild und tauchen Sie möglichst tief in dieses Szenario ein.

Analyse 1: Ein Tag in meinem Leben in fünf Jahren

Wie sah Ihr Tag in fünf Jahren aus? Konnten Sie eine klare Vorstellung entwickeln? Wie sieht Ihr Bild aus, das Sie gemalt haben? Sind Sie mit dem, was Sie in fünf Jahren vor sich sehen, zufrieden? Reizt es Sie, genau das zu erreichen? Dann genießen Sie noch einen Augenblick dieses gute Gefühl, bevor Sie zm nächsten Test weitergehen.

Test 2: Mein Aktionsplan zur Erreichung meiner Ziele

Wie heißt es so schön: Ohne Fleiß kein Preis. Beschreiben Sie bitte möglichst konkret, welche Schritte Sie planen, um Ihr berufliches Ziel in fünf Jahren erreicht zu haben.

Setzen Sie sich Meilensteine für Zwischenziele und machen Sie sich einen Aktionsplan.

Analyse 2: Mein Aktionsplan zur Erreichung meiner Ziele

Haben Sie einen klaren Projektplan, wie Sie Ihr Ziel erreichen wollen? Das nachfolgende Formblatt kann Ihnen dabei helfen. Wir haben Ihnen beispielhaft ein mögliches Teilziel und die damit verbundenen Maßnahmen ausgefüllt.

Ein leeres Formblatt finden Sie übrigens auf Ihrer CD-ROM, sodass Sie es bequem beliebig oft ausdrucken und ausfüllen können.

Teilziel	Maßnahmen	Termin bis	erreicht
Erstellung eines Businessplans für die Selbstständigkeit	Marktanalysen mit Gesprächen bei Herstellern von Systemen	März	✓
	Kostenplanung für die Existenzgründung	April	
	Besuch Existenzgründungsseminar	April	
Finanzierung sicherstellen	Finanzbedarf mit Steuerberater ermitteln	Mai	
	Gespräche mit Hausbank	Mai	

Test 3: Der Abschlusstest

Bitte beantworten Sie die Fragen, die Sie ganz zu Beginn dieses Test- und Trainingsprogramms bereits bearbeitet haben, nun noch einmal.

Was	ja	nein
1. Kennen Sie Ihre persönlichen Stärken im Vergleich zu anderen Menschen?		
a) Ja, ich kenne meine Stärken und kann mich im Vergleich zu anderen Menschen realistisch einschätzen.		
b) Ich kenne meine Stärken, bin mir aber nicht sicher, wie sie im Vergleich zu anderen Menschen zu bewerten sind.		
c) Ich bin mir meiner Stärken nicht so richtig bewusst.		
d) Ich glaube, ich habe keine besonderen Stärken im Vergleich zu anderen Menschen.		

2. Haben Sie in der Vergangenheit regelmäßig eine Bestandsaufnahme Ihrer beruflichen Situation vorgenommen? a) Ja, mindestens einmal im Jahr: b) Nicht regelmäßig, aber ab und zu. c) Ich habe mir schon einmal Gedanken darüber gemacht. d) Bisher habe ich das noch nicht gemacht.		
3. Haben Sie klare Ziele, wohin Ihre weitere berufliche Ausrichtung gehen soll? a) Ja, ich habe klare Vorstellungen und weiß, wie ich diese Ziele erreiche. b) Ich habe Fernziele, die ich erreichen möchte. c) Mir schwirren viele Dinge durch den Kopf, aber klare Ziele habe ich nicht definiert. d) Ich habe keine klare Vorstellung davon, wohin ich mich beruflich entwickeln möchte.		
4. Sind Sie sich Ihrer Qualifikation bewusst und können Sie sie nachvollziehbar belegen? a) Ich kenne meine Kompetenzen und kann sie belegen. b) Ich denke, ich weiß, was ich kann. Es fällt mir jedoch oft schwer, das auch anderen nachvollziehbar zu vermitteln. c) Ich bin oft unsicher, ob das, was ich kann, sich von anderen wirklich abhebt. d) Ich habe mir bisher nie richtig Gedanken über meine Qualifikationen gemacht und wüsste auch keine Beispiele für bestimmte Fähigkeiten.		
5. Bilden Sie sich regelmäßig in Ihrem Fachgebiet weiter? a) Ja, Weiterqualifizierung ist für mich eine zentrale Aufgabe, um auch zukünftig auf dem Arbeitsmarkt wettbewerbsfähig sein zu können. Hierzu investiere ich auch Freizeit und eigene finanzielle Mittel.		

b) Ich schaue mich schon um, was sich in meinem Fachgebiet so tut, und lese entsprechende Zeitschriften. c) Wenn mein Arbeitgeber Schulungsmaßnahmen anbietet, nutze ich diese. d) Ich habe eine gute Ausbildung, das müsste doch reichen.		
6. Kennen Sie alternative berufliche Möglichkeiten, die Sie mit Ihrer Qualifikation verwirklichen könnten? a) Ich habe einen guten Marktüberblick, informiere mich regelmäßig über neue Trends und Entwicklungen und weiß mich dort zu positionieren. b) Ich schaue schon mal rechts und links, um Alternativen für mich zu entdecken, allerdings nicht systematisch und regelmäßig. c) Ich interessiere mich sehr dafür, weiß aber nicht so recht, wie ich da vorgehen soll. d) Ich habe keine Vorstellung davon, was ich alternativ machen könnte.		
7. Kennen Sie Ihren aktuellen Marktwert? a) Ja, ich informiere mich regelmäßig und teste auch meinen Marktwert, indem ich mich auf andere Positionen bewerbe. b) Ich spreche öfters mal mit Kollegen und Freunden, was die so verdienen, um mir einen Überblick zu verschaffen. c) Wenn z. B. Gehaltsspiegel veröffentlicht sind, lese ich diese, ich gehe jedoch nicht proaktiv vor und versuche nicht, entsprechende Daten zu recherchieren. d) Nein, keine Ahnung.		

8. Wissen Sie, welche Faktoren Einfluss auf Ihre Motivation haben? a) Ich kenne die Einflussfaktoren und setze sie gezielt ein. b) Ich weiß, was mich anspornt und was mich eher runterzieht, allerdings kann ich diese Dinge nicht bewusst beeinflussen. c) Ich habe manchmal Probleme, mich selbst zu motivieren. d) Ich habe mir noch nie Gedanken darüber gemacht.		
9. Haben Sie eine klare Vorstellung davon, wie Sie von Ihrer Umwelt wahrgenommen und eingeschätzt werden? a) Ja, ich fordere gezielt Rückmeldungen ein, wie ich von anderen gesehen werde. Diese decken sich mit meiner Selbsteinschätzung zu einem sehr hohen Prozentsatz. b) Wenn ich von anderen Feedback bekomme, nehme ich das gerne auf und mache mir Gedanken dazu. c) Ich weiß die Rückmeldungen, die mir andere geben, nicht so richtig einzuordnen. d) Ich habe Angst, von anderen zu erfahren, was sie über mich denken.		
10. Wissen Sie, wodurch Sie sich am meisten entmutigen und einschüchtern lassen? a) Ich kenne diese Faktoren und habe in der Vergangenheit immer gezielt darauf hingearbeitet, sie zu umgehen. b) Ich weiß, was mich behindert, sehe aber keine Möglichkeit, Einfluss darauf zu nehmen. c) Ich habe bisher nicht erkennen können, wodurch ich mich besonders einschüchtern lasse. d) Darüber habe ich mir noch nie Gedanken gemacht.		

11. Sind Sie Veränderungen gegenüber aufgeschlossen?		
a) Ich sehe Veränderungen als Chance und gestalte sie bewusst mit.		
b) Man sollte den Fortschritt nicht aufhalten, also akzeptiere ich Veränderungen.		
c) Veränderungen verursachen bei mir Unsicherheit, ob ich dem Neuen gewachsen bin.		
d) Ich habe Angst vor Veränderungen und versuche, mich so wenig wie möglich mit Veränderungen zu beschäftigen.		
12. Haben Sie ein Netzwerk an Kontakten?		
a) Ich gehe gezielt auf Menschen zu, knüpfe Kontakte und pflege diese auch.		
b) Ich kenne eine Reihe von Leuten, habe aber keine Zeit, die Kontakte zu pflegen.		
c) Ich bin für Kontakte offen.		
d) Ich mache mir nicht viel aus Kontakten.		
13. Können Sie andere Menschen für Ihre Ideen begeistern?		
a) Ja, ich bekomme immer wieder entsprechende Rückmeldungen.		
b) Ich denke schon.		
c) Ich spiele mich nicht so gern in den Vordergrund.		
d) Ich weiß nicht.		
14. Sind Sie mit Ihrer bisherigen beruflichen Entwicklung zufrieden?		
a) Ja, ich habe in Bezug auf die von mir gesteckten Ziele schon viel erreicht.		
b) Ich denke, ich kann im Vergleich zu anderen ganz zufrieden sein.		
c) So richtig zufrieden bin ich nicht.		
d) Ich weiß nicht so recht, ob ich zufrieden sein soll.		

15. Achten Sie auf Ihr äußeres Erscheinungsbild? a) Ja, ich achte darauf, mich typgerecht und gepflegt zu kleiden. Ich weiß, was zu mir passt und meinen Typ positiv unterstreicht. b) Ich weiß, Kleider machen Leute, also spare ich nicht bei der Kleidung: c) Ich passe mich in der Kleidung an. d) Mein Erscheinungsbild ist mir nicht so wichtig, nicht die Hülle macht es.		
16. Haben Sie Menschen Ihres Vertrauens, zu denen Sie gehen können, wenn Sie Probleme haben? a) Ja, ich habe ein stabiles soziales Umfeld, das mich in schwierigen Situationen stützt und begleitet. b) Wenn ich Probleme habe, finde ich schon immer jemanden, bei dem ich meine Sorgen loswerden kann. c) Manchmal fühle ich mich schon etwas allein gelassen. d) Ich lebe sehr zurückgezogen und behalte meine Probleme für mich.		
17. Achten Sie auf Ihre Gesundheit und körperliche Fitness? a) Ich treibe regelmäßig Sport, achte auf gesunde Ernährung und unterziehe mich regelmäßig einem Gesundheitscheck. b) Ich vermeide Dinge, die meiner Gesundheit schaden. c) Ich habe keine Zeit, Sport zu treiben oder auf meine Gesundheit zu achten. d) Ich beschäftige mich bisher nicht damit.		

18. Haben Sie eine gute Balance zwischen Arbeits- und Privatleben? a) Ich habe einen guten Ausgleich zu meinem beruflichen Engagement. Meine Privatleben ist mir wichtig und ich kann in meiner Freizeit neue Kraft tanken. b) Ich versuche, neben dem Job auch private Belange unter einen Hut zu bekommen. c) Für Privates bleibt bei mir meistens keine Zeit. d) Ich habe mir darüber noch nie richtig Gedanken gemacht.		
19. Nehmen Sie bei Ihrer Karriereplanung professionelle Hilfe in Anspruch? a) Ich spreche regelmäßig mit Karriereberatern meine weitere Entwicklung durch, besuche Veranstaltungen und lese Bücher, die mich in meiner weiteren Planung unterstützen. b) Ich nehme Anregungen von Dritten auf, wenn sie mir geboten werden. c) Ich weiß nicht, wo ich solche Hilfe bekommen kann. d) Das mache ich alleine.		
20. Haben Sie Visionen und Träume? a) Große Ziele und Visionen sind ein wichtiger Motor für mich, um mein Potenzial voll auszuschöpfen. b) Ich habe schon ab und zu Träume, ob ich diese allerdings erreichen kann, bin ich mir nicht so sicher. c) Träume sind schön, aber für mich wohl unerreichbar. d) Nein, das ist mir alles zu weit weg.		

Analyse Abschlusstest

Die Auswertung dieses Tests nehmen Sie wieder genauso vor wie am Anfang (vgl. Seite 20).
Und wie haben Sie im Vergleich zum Anfangstest abgeschnitten? Haben Sie ein klareres Bild von sich, Ihren Kompetenzen, Zielen und Möglichkeiten erhalten? Dann hat das Test & und Trainingsprogramm sich für Sie gelohnt. Diese realistische Standortbestimmung stellt eine sehr gute Basis dar, um mithilfe Ihrer Stärken die von Ihnen gesteckten Ziele zu erreichen. Die Erkenntnisse können Ihnen aber auch helfen, Defizite durch gezieltes Training abzubauen. In dieser Reihe Test & Training finden Sie wertvolle Begleiter, die Sie in den einzelnen Kompetenzfeldern weiter fit machen.

Der Blick nach außen: Assessment Center

Wenn Sie in diesem Test- und Trainingsprogramm ein Self Assessment, also eine Standortbestimmung und Analyse Ihrer Kompetenzen und Fähigkeiten, machen, sollten wir den Begriff des Assessment Centers (AC) nicht unberührt lassen, da es hier zahlreiche Parallelen gibt.

Personalauswahl oder -entwicklung

Sicherlich ist Ihnen das Wort Assessment Center im Zusammenhang mit der Personalauswahl oder der Personalentwicklung schon einmal begegnet. Unternehmen setzen Assessment Center letztendlich aus dem gleichen Grund ein, warum auch Sie dieses Test- und Trainingsprogramm für sich durchführen: Sie möchten mehr über einen Menschen – einen Bewerber oder einen Mitarbeiter – erfahren. Das Self Assessment führen Sie für Ihre eigene Person durch, das Unternehmen verfolgt mit dem Assessment Center das Ziel, im Rahmen der Personalarbeit eine möglichst hohe Passgenauigkeit zwischen Anforderungs- und Kandidatenprofil zu erreichen. Hierzu müssen die Anforderungen einer Position klar definiert sein und es sollte ein realistisches Bild des Kandidaten vorliegen.

Beobachtung von Verhalten

Beim Assessment Center beruht diese Einschätzung des Kandidaten vorwiegend auf der Beobachtung von Verhalten. Es ist ein Verfahren, bei dem die Feststellung und Bewertung von Verhalten im Rahmen einzelner Übungen vorgenommen wird, wobei die Testpersonen im Mittelpunkt der Beobachtung stehen.

Das Assessment Center setzt sich aus Übungen zusammen, bei denen die Kandidaten in Situationen hineinversetzt werden, die für die angestrebte berufliche Position typisch sind. Aus dem gezeigten Verhalten in den Übungen ziehen die Beobachter Rückschlüsse auf das zukünftige Verhalten der Testpersonen in der Realität.

Hohe Treffsicherheit

Es hat sich gezeigt, dass die Treffsicherheit auf der Grundlage von Assessment-Center-Ergebnissen deutlich höher ist als bei einem einfachen Vorstellungsgespräch. Deshalb sind Unternehmen bereit, den recht hohen Aufwand an Zeit und Geld, den ein Assessment Center verursacht, auf sich zu nehmen.

Gruppenauswahlverfahren

Assessment Center werden auch als Gruppenauswahlverfahren bezeichnet. In der Regel nehmen acht bis zwölf Kandidaten an dem Verfahren teil. Ihnen stehen immerhin vier bis sechs Beobachter, so genannte Assessoren, gegenüber.

Bei der Besetzung von Top-Positionen werden teilweise auch so genannte Einzel-Assessment-Center durchgeführt, bei denen nur ein Kandidat beobachtet und sein Verhalten bewertet wird.

Dauer: ein bis drei Tage

Ein Assessment Center dauert in den meisten Fällen zwischen einem und drei Tagen. Dies ist eine recht lange Zeit und die Teilnahme stellt ziemlich hohe Anforderungen an die Konzentrationsfähigkeit und Belastbarkeit der Kandidaten.

Welchen Hintergrund haben Assessment Center?

Ursprünge

Die Ursprünge des AC liegen bereits in den Jahren Ende des Ersten Weltkriegs und der Weimarer Republik. Vorläufer der heutigen AC, insbesondere führerlose Gruppendiskussionen und situationsbezogene Verhaltensübungen, wurden damals zur Offiziersauswahl der deutschen Streitkräfte eingesetzt.

Der erste Einsatz in der Wirtschaft erfolgte in den 50er Jahren. Die amerikanische Telefongesellschaft AT&T führte im Rahmen einer Langzeituntersuchung eine Bewertung von Führungsnachwuchskräften durch.

Aufgrund der sehr guten Vorhersagequalität konnte die Methode Assessment Center mehr und mehr Anhänger gewinnen und ist heute insbesondere bei Groß- und mittelständischen Betrieben bei der Personalauswahl und -entwicklung nicht mehr wegzudenken.

Warum setzen Unternehmen Assessment Center ein?

Wenn Personalentscheidungen zu treffen sind, sei es die Einstellentscheidung bei Bewerbern oder die Entscheidung, wem aus der Gruppe der vorhandenen Mitarbeiter mehr Verantwortung übertragen werden kann, stehen Unternehmen vor einer schwierigen Aufgabe.
Bewerbungsunterlagen sind oft nicht sehr aussagefähig und auch das Vorstellungsgespräch, meist nicht länger als eine Stunde, kann nur sehr begrenzt Sicherheit geben. Aussagen über mögliches Verhalten in berufstypischen Praxissituationen sind oft nur fiktiv. Für die Unternehmen bleibt ein doch recht beachtliches Risiko, ob das, was der Kandidat an Kompetenzen und Fähigkeiten vorgibt, auch den Anforderungen in der Realität standhält.

Zuverlässige und objektive Vorhersagen

Unternehmen setzen daher Assessment Center ein, um zuverlässige, gültige und objektive Vorhersagen bezüglich der zu erwartenden Leistungsfähigkeit und Leistungsbereitschaft eines Kandidaten zu erhalten.

Leistungsfähigkeit

- Wenn wir den Begriff Leistungsfähigkeit näher beleuchten, dann verbergen sich dahinter in erster Linie die Kompetenzen, die wir im ersten Teil dieses Buches näher beleuchtet haben.

Leistungsbereitschaft

- Der Begriff der Leistungsbereitschaft hat dagegen die eigene Motivation und Persönlichkeit, wie wir sie im zweiten Teil dieses Buches behandelt haben, im Fokus.

Aus Sicht des Unternehmens ist es daher nicht nur wichtig, was ein potenzieller Mitarbeiter kann, sondern auch ob er gewillt ist, diese Fähigkeiten und Kenntnisse dem Unternehmen zur Verfügung zu stellen. Erst die Kombination aus Können und Wollen ergibt die Handlungskompetenz, die letztendlich seitens des Unternehmens gefragt ist.
Um dieses Problem in den Griff zu bekommen, haben sich mehr und mehr Unternehmen dazu entschieden, Personalentscheidungen um das Element der Verhaltensbeobachtung in praxisrelevanten Situationen zu erweitern. Darunter versteht man praktische Übungen, bei denen die Kandidaten ihr Verhal-

ten an den Tag legen, sprich: bei denen dieses Verhalten konkret und in einer echten Situation beobachtbar wird. Dies macht es für Personalverantwortliche und Fachvorgesetzte wesentlich leichter, ihre Personalentscheidung auf eine solide Basis zu stellen.

Sozialverhalten und Persönlichkeitsmerkmale wie sprachliches Ausdrucksvermögen und Entscheidungsfreude stehen bei der Methode gegenüber fachlichem Wissen klar im Vordergrund. Dies wird bei den meisten Assessment Centern auch ganz bewusst so gestaltet.

Fachwissen lässt sich anhand von Zeugnissen und Berufsabschlüssen meist recht gut einschätzen. Viel schwieriger ist es, Anforderungskriterien, die mehr im Verhaltensbereich liegen, zu beurteilen. Und genau hier setzt die Assessment-Center-Methode an. Diese Verbreiterung der Informationsbasis dient der Zielsetzung, eine möglichst hohe Passgenauigkeit zwischen den Anforderungsmerkmalen einer Stelle und dem Leistungsprofil eines Bewerbers zu erzielen.

Welche Chancen bietet das Assessment Center für Sie als Kandidaten?

Das Assessment Center ist bei vielen Kandidaten gefürchtet, geht es doch mit einer hohen körperlichen und psychischen Belastung einher. Sehen Sie jedoch in der Teilnahme an einem Assessment Center auch eine Chance.

Erhöhte Objektivität der Entscheidung

Die Vielschichtigkeit des Verfahrens, mit mehreren Beobachtern und einer Vielzahl von Übungen, erhöht die Objektivität des Auswahl- und Beurteilungsprozesses und trägt damit auch zu einer höheren Nachvollziehbarkeit der Ergebnisse bei. Als Kandidat sind Sie damit nicht mehr auf Gedeih und Verderb auf das Urteil eines Gesprächspartners angewiesen, sondern haben die Chance, durch mehrere Unternehmensvertreter fair beurteilt zu werden.

Feedback

Ein weiterer Vorteil liegt darin, dass Sie Ihr Self Assessment durch diese Fremdeinschätzung hervorragend ergänzen können. Auf diesen Punkt sind wir bereits eingegangen. Auch wenn Sie aufgrund des Assessment Centers nicht die von Ihnen angestrebte Position erreichen, so sind die Rückmeldungen der Assessoren doch wichtige Hinweise. Wann haben Sie sonst schon die Möglichkeit, zwei Tage von qualifizierten Beobachtern in unterschiedlichen Verhaltenssituationen bewusst wahrgenommen zu werden und über deren Bild, das sie erhalten haben, ein Feedback zu bekommen?

Wo kommen Assessment Center zum Einsatz?

Auswahl von Hochschulabsolventen und Nachwuchskräften

Assessment Center werden besonders häufig bei der Auswahl von Hochschulabsolventen und Nachwuchskräften eingesetzt. Hier ist die Unsicherheit der Unternehmen besonders ausgeprägt, da aufgrund der nicht vorhandenen Berufserfahrung nur wenig relevante Informationen als Entscheidungsbasis vorliegen.

Personalentwicklung

Aber auch wer bereits in einem Unternehmen Fuß gefasst hat, wird im Laufe seines weiteren Berufslebens wohl kaum an einem AC vorbeikommen, möchte er sich beruflich weiterentwickeln und eine Position mit mehr Verantwortung übernehmen. Denn auch im Rahmen der Personalentwicklung, sprich der innerbetrieblichen Förderung von Mitarbeitern, haben sich AC fest etabliert. Es gibt bereits zahlreiche Unternehmen, die eine Beförderung bzw. Versetzung von der Teilnahme und den Ergebnissen eines AC abhängig machen und dies auch in Betriebsvereinbarungen, die zwischen Unternehmensleitung und Betriebsrat abgeschlossen werden, verbindlich vereinbart haben.

Neue Mitarbeiter bei Fusionen

In den letzten Jahren ergibt sich aufgrund zunehmender Unternehmenszusammenschlüsse und Firmenübernahmen die Notwendigkeit, neu hinzukommende Mitarbeiter aus diesen Unternehmen in Bezug auf ihre weiteren Einsatzmöglichkeiten im neuen Konzern zu bewerten. Das Assessment Center findet auch hier seinen Einsatz, um Aussagen über mögliche Einsatzfelder zu ermöglichen.

Karriereberatung

Elemente aus Assessment Centern können aber auch im Rahmen der individuellen Karriereberatung Hilfestellungen geben. Hier sind wir wiederum an unserem eigentlichen Thema, dem Self Assessment. Assessment-Center-Übungen sind ein wichtiges Instrument bei der Verhaltensbeurteilung und der Ermittlung von Weiterbildungsbedarf. Wer z. B. bei Gruppendiskussionen nie zu Wort kommt, sollte im Hinblick auf seine weitere berufliche Entwicklung etwas für sein Kommunikationsverhalten tun und z. B. einen Rhetorikkurs besuchen.

Wie gestaltet sich ein Assessment Center?

Assessment Center setzen sich aus einer Vielzahl von Übungen zusammen, die je nach Anforderungsprofil der Stelle und Zeitrahmen unterschiedlich zum Einsatz kommen. Die Bausteine eines Assessment Centers stellen sich wie folgt dar:

Aufgaben im Assessment Center

Einzelübungen	Partnerübungen	Gruppenübungen
Postkorb	Konfliktgespräch	Gruppendiskussion
Präsentation/Einzelvortrag	Pro- und Kontradiskussion	Gruppenarbeit
Organisationsaufgabe		Fallstudie
Berufs- und Leistungstests*		Rollenspiel
Intelligenztests*		
Persönlichkeitstests*		
Einzelinterview*		

* ergänzende Elemente in Assessment Centern

Im Wesentlichen lassen sich die Übungen in drei Kategorien einteilen:

Einzelübungen

- Bei den Einzelübungen geht es darum, eigenständig Aufgaben zu bewältigen. Dies kann entweder in schriftlicher Form geschehen oder auch als Einzelpräsentation vor einer Gruppe von Zuhörern. Zu den Einzelübungen werden auch die ergänzenden Elemente wie Testverfahren oder das Einzelinterview gezählt.

Partnerübungen

- Bei den Partnerübungen stehen Kommunikation und Verhandlungsführung im Vordergrund, z. B. die Fähigkeit, Konflikte im Zweiergespräch zu lösen oder auch im Rahmen von Verkaufsgesprächen einen Gesprächspartner zu überzeugen.

Gruppenübungen

- Die Fähigkeit, sich im Rahmen eines Teams zu behaupten und konstruktiv in der Gruppe zu arbeiten, gewinnt zunehmend an Bedeutung. Gruppenübungen haben zum Ziel, das Kandidatenverhalten unter diesem Aspekt zu beleuchten.

Lassen Sie uns auf die einzelnen Übungen etwas näher eingehen und dabei auch Parallelen zu den Aufgaben im Self Assessment finden.

Training

Aufgabe 1: Der Postkorb

Stellen Sie sich vor, Sie kommen aus drei Wochen Urlaub zurück und müssen Ihren Posteingang (Briefkasten bzw. E-Mail-Box) durchsehen. Sie werden auf eine Vielzahl von Vorgängen stoßen, die Sie zu bearbeiten haben. Genau diese Situation stellt die Postkorbübung dar.

Überlegen Sie sich, wie Sie mit großen Mengen zu bearbeitender Vorgänge in Ihrem Alltag umgehen.

- Behalten Sie den Überblick?
- Werden Sie leicht nervös, wenn Sie unter Zeitdruck arbeiten müssen?
- Erkennen Sie Terminkonflikte sofort?
- Können Sie schnell Entscheidungen treffen?
- Wissen Sie Prioritäten zu setzen?

Analyse 1: Der Postkorb

Klassische Einzelübung

Die Postkorbübung gilt als eine der klassischen Einzelübungen in Assessment Centern. Insbesondere bei Veranstaltungen, die länger als nur einen Tag dauern, ist die Wahrscheinlichkeit hoch, mit dieser Übung konfrontiert zu werden.

Wesentliche Beurteilungskriterien sind:

Wesentliche Beurteilungs-kriterien

- Konzentrationsfähigkeit,
- Belastbarkeit,
- systematische Arbeitsweise,
- Problemerkennung und -analyse,
- Prioritätensetzung,
- Entscheidungsfreude.

Innerhalb unseres Test- und Trainingsprogramms haben wir uns im Kapitel Methodenkompetenz mit solchen Fragestellungen beschäftigt, besonders in den Karrierefaktoren 16 bis 18. Auch im Kapitel Motivation und Persönlichkeit sind Fragestellungen beispielsweise zur Belastbarkeit (Karrierefaktor 35) behandelt worden.
Hier noch ein paar Tipps, worauf Sie bei der Postkorbübung besonders achten sollten:

To Do

Das sollten Sie bei der Postkorbübung beachten

- Lesen Sie zunächst alle Vorgänge durch und verschaffen Sie sich einen Überblick
- Teilen Sie die Vorgänge in die drei Kategorien:
  1. Selbst erledigen
  2. Delegieren
  3. Ablage P(apierkorb)

  Grundsätzlich gilt, dass Personalthemen Chefsache sind und selbst erledigt werden sollten. Hierzu zählt beispielsweise auch, dass es bei einem Jubiläum eines Mitarbeiters ein Muss ist, der offiziellen Feier zumindest zeitweise beizuwohnen und zu gratulieren.
- Machen Sie zu jedem Vorgang einen Vermerk, was mit ihm geschehen soll.
- Erstellen Sie einen Terminplan, um Terminkollisionen besser erkennen zu können.

Aufgabe 2: Präsentation/Einzelvortrag

16 Min.

Sie werden aufgefordert, entweder ein Produkt zu präsentieren oder zu einem vorgegebenen oder frei zu wählenden Thema einen Vortrag zu halten.

Häufig ist gerade zu Beginn eines Assessment Centers die Fragestellung wie folgt: „Bitte stellen Sie sich den anderen Teilnehmern und den Unternehmensvertretern kurz vor. Ihnen stehen hierfür drei Minuten zur Verfügung. Präsentieren Sie in weiteren drei Minuten die wesentlichen Inhalte und Erkenntnisse Ihrer Diplomarbeit."

Analyse 2: Präsentation/Einzelvortrag

Kein Assessment Center verzichtet auf den Aufgabentyp der Präsentation oder des Fachvortrags. Präsentationen beleuchten die Fähigkeit eines Menschen, Themenstellungen einem Publikum nahe zu bringen.
Steht beim Fachvortrag neben dem Präsentationsverhalten auch der inhaltliche Aspekt im Blickpunkt, wird bei der Präsentation die Art und Weise, wie etwas vorgestellt wird und welche Wirkung damit erreicht wird, noch stärker in den Mittelpunkt der Beurteilung gestellt.

Präsentation an Zielgruppe ausrichten

Richten Sie auf jeden Fall die Präsentation an den Bedürfnissen und Kenntnissen Ihrer Zielgruppe aus. Häufig wird der Fehler gemacht, zu fachspezifisch komplizierte Zusammenhänge im Detail darzustellen, die für die Zuhörer weder nachvollziehbar noch interessant sind. Wem es dagegen gelingt, in einer verständlichen Sprache die wesentlichen Aspekte der Aufgabenstellung sowie die Ergebnisse zu präsentieren und seine Ausführungen grafisch zu veranschaulichen, wird immer Pluspunkte sammeln.
Wesentliche Beurteilungskriterien sind:

Wesentliche Beurteilungskriterien

- logisches Denken,
- Kommunikationsverhalten,
- Rhetorik,
- Körpersprache,

- Überzeugungskraft,
- inhaltliche Strukturierung,
- Zielgruppenorientierung.

Das Thema Fachvorträge haben wir unter Karrierefaktor 2 näher behandelt. Im Karrierefaktor 13 sind wir speziell auf Ihre Fähigkeit, andere Menschen zu überzeugen, eingegangen.

Visualisierung

Die Visualisierung ist ein wichtiger Aspekt bei Präsentationsaufgaben. Hierzu haben Sie in diesem Test & Trainingsprogramm unter Karrierefaktor 24 zahlreiche Anregungen bekommen. Nachfolgend einige Tipps zur Aufgabenstellung

To Do

Das sollten Sie bei der Präsentationsübung beachten

- Beginnen Sie bei der Vorstellung Ihrer Person in der Gegenwart und holen Sie sich die Aspekte, die Sie zu dem gemacht haben, wer Sie heute sind, aus der Vergangenheit in die Gegenwart. Hier ein Beispiel:

  Mein Name ist Jörn Huber, ich darf mich seit zwei Wochen mit dem Bestehen des Zweiten Staatsexamens Volljurist nennen. Den Ausschlag für meine Berufswahl hat mein Interesse für internationale Beziehungen und unterschiedliche Rechtssysteme gegeben. Da ich aufgrund der Diplomatentätigkeit meines Vaters schon als Kind und Jugendlicher viel in der Welt herumgekommen bin, habe ich Einblick in sehr unterschiedliche Kulturen und Wertesysteme erhalten. Dies ist sicherlich mit ein Grund dafür, dass ich mich in neuen Umgebungen sehr schnell zurechtfinden kann und mir der Umgang mit unterschiedlichen Menschen und Kulturen leicht fällt. Ich spreche Englisch, Französisch und Spanisch fließend. Im Studium habe ich mich insbesondere mit der wirtschaftlichen Zusammenarbeit auf internationaler Ebene beschäftigt und hier auch praktische Erfahrung während meiner Wahlstation bei der OECD sammeln können.

  Meine Vorgesetzten im Referendariat bescheinigen mir eine hohe Belastbarkeit und ein ausgeglichenes Wesen. Ich kann mich schnell in Themen einarbeiten und mir einen Überblick verschaffen. Dies kam mir besonders bei der Arbeit in der Sozietät Müller & Strobel in Wien zugute. Bereits nach kurzer Zeit wurde mir das Vertrauen geschenkt, selbstständig Mandate zu betreuen. Privat bin ich ein begeisterter Segler und genieße es, mit Freunden gemeinsam die schönsten Ecken des Mittelmeers individuell kennen zu lernen. Unsere bisher größte Herausforderung in dieser Richtung war eine Zehntagetour um den italienischen Stiefel bei ziemlichen Sturmböen, die uns als Team echt zusammengeschweißt hat. Gesellschaftlich engagiere ich mich bei den Wirtschaftsjunioren, die unter der Schirmherrschaft der Industrie- und Handelskammern wirtschaftspolitische Projekte und Fragestellungen bearbeiten.

- Bringen Sie in Ihrer Selbstpräsentation nicht nur fachbezogene Informationen, sagen Sie auch etwas über sich als Mensch mit Ihren Vorlieben und Interessen. Das bleibt in der Regel stärker haften als nur die Aneinanderreihung von Fakten wie Name, Alter und Studienschwerpunkte und -abschluss.

Gliederungsschema für Fachthema

Ein mögliches Gliederungsschema für Ihre Präsentation der Diplomarbeit oder eines Fachthemas kann wie folgt aussehen:

- Aufgabenstellung/Zielsetzung
- Beschreibung der Ausgangssituation
- Eigene Vorgehensweise/Maßnahmen
- Schwierigkeiten und wie sie überwunden wurden
- Ergebnis/Zielerreichung/Erkenntnis
- Möglicher Zusatznutzen, der sich aus den Ergebnissen ziehen lässt

Aufgabe 3: Organisationsaufgabe

10 Min.

Wie der Name schon sagt, sollen Sie hier Ihre Organisationsfähigkeit unter Beweis stellen. Man möchte etwas darüber erfahren, wie Sie Projekte anpacken.

Stellen Sie sich vor, Sie sollen als Vetriebsmitarbeiter eine Routenplanung für die Kundenbesuche der nächsten Woche zusammenstellen. Die Kunden sind über ganz Deutschland verteilt und Sie sollen möglichst wenig Zeit auf der Straße verbringen. Einige Kunden sind nur an bestimmten Tagen zu erreichen oder haben bestimmte Terminwünsche. Ihr Standort ist Wiesbaden.

Hier eine Übersicht:

Name des Kunden	Ort	Umsatz-volumen	Rahmenbedingungen
Weger	Saarbrücken	20 Mio.	kann nur am Dienstag
Mühlenhoff	Bremen	2 Mio.	Es werden mindestens vier Stunden Zeit benötigt.
Baumhöfer	Essen	10 Mio.	kann nur am Freitag
Wirsing	Freiburg	5 Mio.	keine Präferenz
Schober	Hamburg	1 Mio.	nur Montag, Mittwoch oder Donnerstag
Bremer	Kiel	2 Mio.	kann nur am Donnerstag
Dehmel	Berlin	15 Mio.	braucht einen Tag
Schwarzer	Erfurt	5 Mio.	nur nachmittags
Richter	Jena	6 Mio.	keine Präferenz
Huber	Stuttgart	10 Mio.	kann nur am Montag

Lösung

Analyse 3: Organisationsaufgabe

Haben Sie eine Planung gefunden, bei der alle Kriterien berücksichtigt werden? Eine Möglichkeit wäre wie folgt:

Montag:	Start in Wiesbaden Fahrt nach Stuttgart zu Huber Fahrt nach Freiburg zu Wirsing Fahrt nach Saarbrücken
Dienstag:	Besuch in Saarbrücken bei Weger Fahrt nach Erfurt zu Schwarzer Fahrt nach Jena zu Richter Fahrt nach Berlin
Mittwoch:	Besuch in Berlin bei Dehmel
Donnerstag:	Fahrt nach Hamburg zu Schober Fahrt nach Kiel zu Bremer Fahrt nach Bremen
Freitag:	Besuch in Bremen bei Mühlenhoff Fahrt nach Essen zu Baumhöfer Rückfahrt nach Wiesbaden

Wesentliche Beurteilungskriterien sind:

Wesentliche Beurteilungskriterien

- Problemerkennung und -analyse,
- Belastbarkeit,
- systematische Arbeitsweise,
- Kombinationsfähigkeit,
- Kreativität,
- Arbeitstempo,
- Arbeitssorgfalt.

Im Kapitel über Methodenkompetenz stehen viele dieser Aspekte im Mittelpunkt. Insbesondere die Umzugsplanung (Karrierfaktor 16) wäre eine typische Organisationsaufgabe. Da die Übung unter Zeitdruck zu bearbeiten ist, kommen aber auch Aspekte wie Belastbarkeit und Konzentrationsfähigkeit mit hinzu (Karrierefaktor 35).
Wichtig ist bei Organisationsaufgaben, dass Sie ein bestimmtes System oder eine Methode erkennen lassen, wonach Sie vorgehen.

Aufgabe 3: Testverfahren

Beantworten Sie bitte die nachfolgenden Fragen auf der aufgeführten Skala.

1. Ich sehe vieles weniger dramatisch als andere. (+)

0---------0---------0---------0---------0---------0

trifft voll zu — trifft überhaupt nicht zu

2. Vergangene Misserfolge belasten mich nicht mehr. (+)

0---------0---------0---------0---------0---------0

trifft voll zu — trifft überhaupt nicht zu

3. Auch wenn man mich unberechtigterweise kritisiert, denke ich noch lange darüber nach. (–)

0---------0---------0---------0---------0---------0

trifft voll zu trifft überhaupt nicht zu

4. Nach einer Begegnung denke ich noch einige Zeit intensiv darüber nach, wie ich gewirkt habe. (–)

0---------0---------0---------0---------0---------0

trifft voll zu trifft überhaupt nicht zu

5. Spannungen mit Kollegen kann ich gut ertragen. (+)

0---------0---------0---------0---------0---------0

trifft voll zu trifft überhaupt nicht zu

6. Vor bedeutenden Ereignissen (z. B. wichtigen Gesprächen oder Präsentationen) habe ich mich gut im Griff. (+)

0---------0---------0---------0---------0---------0

trifft voll zu trifft überhaupt nicht zu

7. Ich interessiere mich für Aufgaben, die viel Ausdauer und Sorgfalt verlangen. (+)

0---------0---------0---------0---------0---------0

trifft voll zu trifft überhaupt nicht zu

8. Aufgaben, bei denen ich die Genauigkeit der Arbeit kontrollieren muss, kommen meinen Fähigkeiten entgegen. (+)

0---------0---------0---------0---------0---------0

trifft voll zu trifft überhaupt nicht zu

9. Ich folge lieber spontanen Einfällen, anstatt systematisch zu planen. (–)

0---------0---------0---------0---------0---------0

trifft voll zu trifft überhaupt nicht zu

10. Manche Kollegen denken, ich dränge zu stark auf Veränderungen, wenn ich mit ihnen zusammenarbeite. (+)

0---------0---------0---------0---------0---------0

trifft voll zu trifft überhaupt nicht zu

11. Wenn ich ansonsten mit meiner Tätigkeit sehr zufrieden bin, kann ich auf einen großen Gestaltungsspielraum verzichten. (–)

0---------0---------0---------0---------0---------0

trifft voll zu trifft überhaupt nicht zu

12. Ich kämpfe für meine Überzeugungen, auch wenn ich dafür Nachteile in Kauf nehmen muss. (+)

0---------0---------0---------0---------0---------0

trifft voll zu trifft überhaupt nicht zu

Analyse 3: Testverfahren

BIP Persönlichkeitstest

Bei den obigen Fragen handelt es sich um Originalfragen des BIP Persönlichkeitstests [Hossiep, R. & Paschen, M. (2003)], der insgesamt 210 Fragen umfasst.

- Die Beispielfragen 1 bis 3 beziehen sich auf die emotionale Stabilität.

- Bei den Fragen 4 bis 6 wird das Persönlichkeitsmerkmal Selbstbewusstsein hinterfragt.
- Die Fragen 7 bis 9 beschäftigen sich mit der Gewissenhaftigkeit.
- Die Fragen 10 bis 12 hinterfragen die Gestaltungsmotivation.

Das + bzw. – steht für die so genannte Polung des jeweiligen Items, also ob die Aussage in die Richtung der erfassten Eigenschaft weist oder ihr entgegensteht.

Ziel von Persönlichkeitstests ist es, ein möglichst umfassendes Bild der Testperson zu erhalten.

Fragebogen- oder Verhaltenstests

Persönlichkeitstests werden wie der BIP vorwiegend in Form von Fragebogentests durchgeführt, bei denen die Kandidaten eine große Zahl von Fragen zu ihren Vorlieben und Neigungen beantworten sollen. Häufig sind Kontrollfragen eingebaut, um die gemachten Aussagen auf deren Verlässlichkeit zu prüfen. Ferner kommen Persönlichkeitstests in Form von Verhaltenstests zum Einsatz, die anhand vorgestellter Situationen die mögliche Reaktion des Kandidaten abfragen. Solche Situationstests haben Sie beispielsweise bei Karrierefaktor 14 kennen gelernt.

Unternehmen sind am Persönlichkeitsbild eines Kandidaten sehr interessiert, da diese Eigenschaften einen wesentlichen Einfluss auf dessen Verhalten haben.

In den Karrierefaktoren 31 bis 34 haben wir uns intensiver mit Persönlichkeitsmerkmalen beschäftigt.

Intelligenztests

Eine weitere beliebte Testart sind Intelligenztests, die die unterschiedlichen Aspekte der Intelligenz wie Sprachgefühl, räumliches Vorstellungsvermögen oder das zahlenlogische Verständnis näher beleuchten. Der bekannteste Vertreter dieser Testgattung ist der Intelligenzstrukturtest von Amthauer.

Wesentliches Beurteilungskriterium

Wesentliches Beurteilungskriterium ist die Intelligenzstruktur in Bezug auf das gestellte Anforderungsprofil. Hiermit haben wir uns auch im Karrierefaktor 33 beschäftigt.

Berufs- und Leistungstests

Unter Berufs- und Leistungstests versteht man Verfahren, die die Eignung eines Bewerbers für ein Berufsfeld testen. Das sind zum einen Wissenstests, sprich Aufgaben, die Ihre Allgemeinbildung sowie Ihre fachlichen Kenntnisse abfragen, und zum anderen Fertigkeitentests, die vorwiegend Ihre Geschicklichkeit

und Ihr handwerkliches Können prüfen. Diese Tests kommen besonders bei Schulabgängern zum Einsatz.
Testverfahren werden aber auch eingesetzt, um Informationen über das Leistungsverhalten, sprich: Arbeiten unter Zeitdruck, zu erhalten. Hier müssen Sie beispielsweise das Original und die Abschrift von Dokumenten vergleichen, in denen Fehler eingebaut sind. Das Thema Belastbarkeit stand bei Karrierefaktor 34 in unserem Blickpunkt.

Ergänzende Elemente

Die nachfolgende Übersicht stellt die teilweise als ergänzende Elemente im Rahmen von AC zur Anwendung kommenden Testverfahren dar. Ergänzend deswegen, weil sie nicht grundsätzlich zum Einsatz kommen und nicht dem klassischen Ansatz des Assessment Centers entsprechen, bei dem die Verhaltensbeobachtung im Mittelpunkt steht. Sie können jedoch das mittels Beobachtung gewonnene Bild eines Kandidaten ergänzen. Auch aus ganz praktischen Gründen werden Testverfahren im Rahmen des Assessment Centers eingesetzt: Sie eignen sich wunderbar als „Zeitfüller", damit Kandidaten zwischen den einzelnen Übungen nicht zu lange Wartepausen haben. Diese Zeiten lassen sich in der Regel nicht vermeiden, da einige Übungen nur mit einem Teil der Kandidaten parallel durchgeführt werden können.

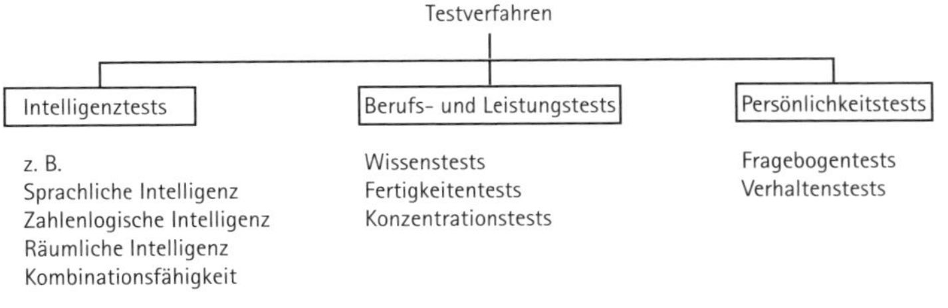

Das Einzelinterview

Das klassische Einzelinterview ist in nahezu allen Assessment Centern fester Bestandteil. Es bietet sowohl den Unternehmensvertretern als auch den Kandidaten die Möglichkeit, individuelle Fragen zu klären und offene Punkte zu diskutieren. Für die

Einzelinterviews gelten im Grunde die gleichen Regeln wie bei Vorstellungsgesprächen. Ferner werden Einzelinterviews teilweise dazu genutzt, um eine Einschätzung über andere Kandidaten zu erhalten.

Wesentliche Beurteilungskriterien

Wesentliche Beurteilungskriterien sind:

- Motivation,
- Leistungsbereitschaft,
- Integrationsfähigkeit,
- Potential für die Übernahme weiterer Aufgaben.

15 Min.

Aufgabe 4: Konfliktgespräch

Stellen Sie sich vor, Sie und Ihr Kollege möchten beide den Brückentag an Christi Himmelfahrt frei haben. Ihr Chef hat aber klar zum Ausdruck gebracht, dass einer von Ihnen anwesend sein muss und Sie die Sache unter sich klären sollten. Wie verhalten Sie sich?

Lösung

Analyse 4: Konfliktgespräch

In Dialogübungen wie dieser soll das Konfliktverhalten der Testkandidaten näher beleuchtet werden. Im Mittelpunkt steht dabei nicht nur das Ergebnis, sondern vor allem die Gesprächsführung. Im Grunde gibt es in dieser Situation drei Möglichkeiten:

Drei Möglichkeiten

- Sie geben nach,
- Ihr Kollege gibt nach oder
- Sie suchen einen Kompromiss.

Ein möglicher Kompromiss bestünde beispielsweise darin, dass Sie und Ihr Kollege sich darauf einigen, verlängerte Wochenenden mit Brückentagen bereits im Voraus für das ganze Jahr gerecht aufzuteilen. Wer hier das Gespräch so steuert, dass am Ende für beide Seiten eine tragbare Lösung herauskommt, kann mit einer positiven Bewertung rechnen.

Verkäufer-Käufer-Situationen

Beliebte Situationen für Konfliktgespräche stellen auch Verkäufer-Käufer-Situationen dar, bei denen der Kunde mit einer Reklamation kommt. Auch unter Karrierefaktor 12 unseres Trainingsprogramms konnten Sie ein Konfliktgespräch, in diesem Fall zwischen Vorgesetztem und Mitarbeiter, üben.

Wesentliche Beurteilungskriterien

Wesentliche Beurteilungskriterien bei Konfliktgesprächen sind:

- Kommunikationsverhalten,
- Kompromissfähigkeit,
- Durchsetzungsvermögen,
- Einfühlungsvermögen,
- Überzeugungsfähigkeit.

Die Übungen im Kapitel zur sozialen Kompetenz beschäftigen sich schwerpunktmäßig mit diesen Fragestellungen.

Aufgabe 5: Pro- und Kontradiskussion

15 Min.

Führen Sie mit einem Partner eine Diskussion zum Thema „Autobahngebühren – pro und kontra". Sie vertreten den Standpunkt, dass Autobahngebühren sinnvoll seien, Ihr Partner vertritt die gegenteilige Meinung.

Analyse 5: Pro- und Kontradiskussion

Lösung

Bei der Zweierdiskussion geht es im Wesentlichen darum, den eigenen Standpunkt klar und nachvollziehbar zu vertreten, dabei aber auch die Argumente des Gegenübers in die eigene Argumentation mit einzubeziehen. In der Regel handelt es sich um vorgegebene Themen, zu denen sich die beiden Kandidaten in zeitlich limitierten Statements äußern sollen.

Wesentliche Beurteilungskriterien

Wesentliche Beurteilungskriterien sind:

- Kommunikationsverhalten,
- Durchsetzungsvermögen,
- Stressresistenz,
- Einfühlungsvermögen,
- Überzeugungsfähigkeit.

Auch hierzu finden Sie im Kapitel über soziale Kompetenz Anhaltspunkte.

To Do

Das sollten Sie bei der Diskussionsübung beachten

- Nutzen Sie die Vorbereitungszeit, um Argumente für Ihre Position zu finden. Ordnen sie diese entsprechend ihrer Schlagkraft. Als Faustregel gilt: Das stärkste Argument zum Schluss, das zweitstärkste an den Anfang.
- Vertreten Sie Ihre Argumente mit Überzeugung und Begeisterung, ohne Ihren Gegenspieler persönlich anzugreifen.
- Überlegen Sie sich im Vorfeld, welche Argumente Ihr Gegenspieler vorbringen wird und wie Sie diese entkräften können.

20 Min.

Aufgabe 6: Gruppendiskussion

Diskutieren Sie mit fünf weiteren Personen das Thema „Vollständige Aufhebung des Ladenschlussgesetzes". Ihnen stehen 20 Minuten zur Verfügung.

Lösung

Analyse 6: Gruppendiskussion

Eine klassische Übung eines jeden Assessment Centers stellt die Gruppendiskussion dar. Vier bis sechs Teilnehmer diskutieren ein in der Regel vorgegebenes Thema. Teilweise werden die Teilnehmer auch aufgefordert, sich auf ein Thema zu einigen.

Führerlose Diskussionen

Gruppendiskussionen werden vorwiegend als so genannte führerlose Diskussionen durchgeführt, das heißt, im Vorfeld wird keine Rolle eines Diskussionsleiters vergeben. Die Teilnehmer haben sich demnach selbst zu organisieren.

Wesentliche Beurteilungskriterien

Wesentliche Beurteilungskriterien sind:

- Initiative,
- Kommunikationsverhalten,
- Überzeugungskraft,
- Akzeptanz,
- Kooperationsfähigkeit,
- soziales Verhalten und
- emotionale Stabilität.

Das sollten Sie bei der Gruppendiskussion beachten

- Fallen Sie niemandem ins Wort.
- Bleiben Sie sachlich und greifen Sie niemanden persönlich an.
- Beziehen Sie andere Gruppenmitglieder in die Diskussion mit ein.
- Versuchen Sie, eine Moderatorenrolle einzunehmen, und fassen Sie Zwischenstände der Diskussion zusammen.
- Halten Sie Blickkontakt zum jeweiligen Redner und hören Sie aktiv zu.
- Greifen Sie Beiträge anderer Diskussionsteilnehmer auf und knüpfen Sie daran an.

Nachfolgend finden Sie beispielhaft einen Beurteilungsbogen für die Gruppendiskussion.

Beurteilungsbogen Gruppendiskussion Name des Diskussionsteilnehmers ____________						
Kriterien	ausge- prägt					nicht vor- handen
	6	5	4	3	2	1
Initiative						
eröffnet Gruppendiskussion						
versucht, Gruppe zu organisieren/strukturieren						
führt Diskussion wieder zum Thema zurück						
bringt Diskussion konstruktiv weiter						
Durchsetzungsvermögen/Überzeugungskraft						
übernimmt Beiträge als Gruppenmeinung						
lässt sich nicht unterbrechen						
Argumente werden von der Gruppe als wertvoll angesehen						
behauptet seinen Standpunkt						

Kriterien	ausgeprägt					nicht vorhanden
	6	5	4	3	2	1
Kommunikationsfähigkeit						
hört anderen zu und geht auf ihre Belange ein						
hält Blickkontakt						
lässt andere Diskussionsteilnehmer ausreden						
fasst den Stand der Diskussion zusammen						
Soziales Verhalten						
bezieht passive Diskussionsteilnehmer ein						
sorgt für eine angenehme Diskussionsatmosphäre						
wertet gute Beiträge anderer						
kann sich in andere Personen und deren Standpunkte hineinversetzen						
Frustrationstoleranz/Ausdauer						
lässt sich nicht einschüchtern						
ist während der gesamten Diskussion aktiv						
lässt sich nicht ablenken						
kann den eigenen Standpunkt auch gegen Widerstand vertreten						
verliert das eigene Konzept nicht aus den Augen						

20 Min.

Aufgabe 7: Gruppenarbeit

Bauen Sie mit drei Mitspielern gemeinsam ein Modell einer Brücke. Das Modell sollte mindestens eine Spannweite von 40 cm haben und frei stehend sein. Als Materialien stehen Ihnen Metaplankarten in der Größe 21 cm × 9,5 cm, eine Schere, ein Klebestift und ein Lineal zur Verfügung. Sie haben 20 Minuten zur Verfügung.

Analyse 7: Gruppenarbeit

Lösung

Bei der Gruppenarbeit geht es darum, im Team eine Aufgabenstellung zu lösen. Dabei steht die konkrete Projektdurchführung im Mittelpunkt. Häufig handelt es sich auch um „handwerkliche“ Übungen, bei denen die Gruppe aus zur Verfügung gestellten Hilfsmitteln etwas bauen muss.

Wesentliche Beurteilungskriterien

Wesentliche Beurteilungskriterien sind:

- Teamfähigkeit,
- Durchsetzungsvermögen,
- Kreativität,
- Kommunikationsfähigkeit,
- Integrationsverhalten,
- Initiative,
- Methodik,
- Organisationsverhalten.

Insbesondere die Übungen zum Thema Teamfähigkeit (Karrierefaktor 10), zur Überzeugungsfähigkeit (Karrierefaktor 13), zum Arbeitsstil (Karrierefaktor 16), zum Zeitmanagement (Karrierefaktor 17) und zur Methodik bei der Arbeit mit Gruppen beschäftigt (Karrierefaktor 20) geben Ihnen hierzu weitere Hilfestellungen.

Plan aufstellen

Wichtig ist es, bei Gruppenarbeiten zunächst einen Plan aufzustellen, wie vorgegangen werden soll. Wem es gelingt, sich als „Projektleiter“ zu positionieren und die Akzeptanz der Gruppe zu erhalten, erzielt Bonuspunkte im Hinblick auf Führungsqualitäten. Argumentieren Sie sachlich, beziehen Sie Gruppenmitglieder aktiv in das Geschehen mit ein und honorieren Sie gute Leistungen und Ideen anderer durch Lob und Anerkennung.

Unterteams

In vielen Gruppen werden Unterteams gebildet, die sich mit Teilaspekten beschäftigen. Dies könnte im Beispiel heißen, dass sich ein Team mit den Pfeilern der Brücke beschäftigt und ein anderes die Brücke selbst baut. Die Stabilität der Brücke kann dadurch erhöht werden, dass die Metaplankarten wie eine Ziehharmonika gefaltet und überlappend ineinander geschoben werden.

20 Min.

Aufgabe 8: Fallstudie

Sie sind Produktmanager der Firma Videopoint und entwickeln und vertreiben digitale Videokameras. Ihr neuestes Produkt ist eine Videokamera mit integriertem Handy, mit der Sie gleichzeitig auch Videoclips per Handy versenden können. Entwickeln Sie zusammen mit Ihren Kollegen aus den Vertriebsbereichen eine Marketing- und Vertriebsstrategie für dieses neue Produkt und präsentieren Sie Ihr Ergebnis vor der Geschäftsleitung. Ihnen steht ein Budget von € 2 Mio. zur Verfügung.

Lösung

Analyse 8: Fallstudie

Mit Fallstudien wird versucht, Aufgabenstellungen aus der Realität abzubilden und diese durch die AC-Teilnehmer bearbeiten zu lassen. Den Teilnehmern wird ein bestimmtes Szenario vorgegeben. Häufig werden hierzu auch umfangreiche Unterlagen in Form von Statistiken oder Ausarbeitungen zur Verfügung gestellt. Je nach Zusammensetzung der Teilnehmer werden fachspezifische Kenntnisse vorausgesetzt. Es gilt,

- den Sachverhalt möglichst schnell zu erfassen,
- Risiken zu erkennen und
- Lösungswege zu erarbeiten.
- Häufig sind die Ergebnisse auch zu präsentieren.

Fallstudien werden am häufigsten in Gruppen durchgeführt, teilweise aber auch als Einzelübung.

Wesentliche Beurteilungskriterien

Wesentliche Beurteilungskriterien sind:

- logisches Denken,
- Problemerkennung und -analyse,
- Urteilsvermögen,
- Kommunikations- und Präsentationsverhalten,
- Überzeugungskraft,
- Durchsetzungsvermögen,
- Kompromissbereitschaft.

In Fallstudien werden nahezu alle Aspekte des Self Assessment Test & Traininsprogramms aus dem Teil „Standortbestimmung mit Qualifikationsanalyse“ abgedeckt.

Das sollten Sie bei der Fallstudie beachten

- Erarbeiten Sie alle wichtigen Ausgangsdaten und visualisieren Sie diese z. B. am Flipchart oder mit der Metaplantechnik.
- Lesen Sie zunächst alle Informationen und verschaffen Sie sich einen Überblick.
- Beachten Sie die grundlegenden Diskussionsregeln (vgl. hierzu Seite 202 ff.).
- Gliedern Sie die Gesamtaufgabe in Teilaspekte.
- Achten Sie darauf, dass Ihr Zeitmanagement genügend Freiraum für die Vorbereitung der Präsentation lässt.

Aufgabe 9: Rollenspiel

Sie sind Leiter eines Produktionsstandorts Ihres Unternehmens. Sie haben drei Kollegen, die ebenfalls einen Produktionsstandort leiten. Ein neues Produkt ist serienreif und es ist zu entscheiden, an welchem Standort es produziert werden soll. Da mit dem neuen Produkt auch eine recht große Investitionssumme verbunden ist, sind alle vier Leiter sehr daran interessiert, das neue Produkt an ihren Standort zu holen.

Analyse 9: Rollenspiel

Die eigenen Interessen in einem größeren Kreis von Konkurrenten zu vertreten ist wesentliches Element der Rollenspiele. Im Vorfeld werden fest definierte Rollenanweisungen verteilt, die als Ausgangssituation dienen. Die jeweilige Rollenanweisung enthält in der Regel auch eine klare Zielsetzung für den einzelnen Kandidaten, die im Rahmen der Übung angestrebt werden soll, und spezifische Informationen, die seine Mitstreiter nicht kennen.

Wesentliche Beurteilungskriterien

Wesentliche Beurteilungskriterien sind:

- Kommunikationsverhalten,
- Durchsetzungsvermögen,
- emotionale Stabilität,
- Konfliktfähigkeit,
- Zielorientierung,
- geistige Flexibilität,
- Einfühlungsvermögen,
- Kreativität,
- Überzeugungskraft,
- Kompromissbereitschaft.

Hier stehen Ihre soziale Kompetenz sowie Persönlichkeitsmerkmale wie in den Übungen zur Flexibilität und Belastbarkeit (Karrierefaktoren 33 und 35) besonders auf dem Prüfstand.

To Do

Das sollten Sie beim Rollenspiel beachten

- Lesen Sie die Rollenanweisung genau durch und achten Sie auch auf Informationen über Ihre Mitstreiter.
- Argumentieren Sie engagiert, aber sachlich und greifen Sie andere nicht persönlich an.
- Schaffen Sie die Grundlage, um Allianzen mit anderen zu schließen.
- Versuchen Sie, Kompromisse auszuhandeln und Win-Win-Situationen zu erzeugen.
- Bieten Sie anderen Teilnehmern die Möglichkeit, ohne „Gesichtsverlust" einen Rückzug starten zu können.
- Halten Sie die getroffenen Vereinbarungen schriftlich fest.

Das sollten Sie in diesem Kapitel erreicht haben

Sie haben die Zusammenhänge des Self Assessments und des Assessment Centers erkannt und wissen, dass beide Methoden die gleiche Zielrichtung verfolgen. Sie haben einen Überblick über die Übungen, die in einem Assessment Center auf Sie zukommen können, gewonnen und kennen die Beurteilungskriterien. Sie wissen, welche Übungen des Self Assessments in diesem Buch mit Fragestellungen aus dem Assessment Center korrellieren. Und schließlich können Sie wesentlich gelassener in ein Assessment Center gehen, weil Sie durch die Bearbeitung dieses Buches eine gute Vorbereitung haben.

Karriereplan Self Assessment für das Jahr ______ für ______

Test & Training

➔ Ihr Karriereplaner:

Erinnern Sie sich noch an den Karriereplaner ganz am Anfang dieses Buches?

Sie hatten ganz zu Beginn Ihre Ziele und die aus Ihrer Sicht notwendigen Schritte festgehalten.

Auch Fabian Weber hat dieses Test- und Trainingsprogramm zum Thema Self Assessment durchgeführt und nun seinen Karriereplaner nochmals überarbeitet.

Durch die Erkenntnisse dieses Self Assessments ist ein neues Ziel hinzugekommen und er hat ein wesentlich klareres Bild über die zur Erreichung der Ziele notwendigen Schritte.

Ihre Schritte zum Ziel

Karriereziel 1:

➔ Karriereziel „Wechsel in den techn. Verkauf als Vertriebsingenieur"

1. Erweiterung des technischen Erfahrungsspektrums: Beschäftigung mit neuen Entwicklungen im Maschinenbau, Mitgliedschaft im Berufsverband, regelmäßiger fachlicher Austausch mit Kollegen, Mitarbeit in Arbeitsgruppen, Belegung von Kursen auf dem Gebiet der Elektronik, Abonnement einer Fachzeitschrift
2. Aneignung von kaufmännischen Kenntnissen: Besuch eines BWL-Kurses für Ingenieure, falls vertieftes Interesse, Aufbaustudium BWL an einer Fernuniversität, Übernahme des Schatzmeisteramtes in meinem Verein
3. Ausbau meiner kommunikativen Fähigkeiten: Besuch eines Rhetorikkurses, Halten von Fachvorträgen im Verband, Übernahme der Patenrolle für Jungingenieure, Aneignen von Kenntnissen der Verhandlungsführung
4. ______
5. ______
6. ______

Ihre Schritte zum Ziel

Karriereziel 2:

➔ Karriereziel „Befristeter Auslandseinsatz von drei bis fünf Jahren"

1. Herausfinden der bevorzugten Länder: Austausch mit Kollegen, die im Ausland waren, Urlaubsreisen in mögliche Einsatzländer, Verfolgen der internen Stellenausschreibungen im Ausland
2. Kommunikation dieses Wunsches innerhalb des Unternehmens: Kontaktgespräche mit der Personalabteilung, Kontakt zu Kollegen, die im Ausland arbeiten, Mitarbeit in einem Auslandsprojekt
3. Lernen der entsprechenden Fremdsprache: Besuch eines Abendkurses an einer Sprachschule mit Ehepartner, Sprachreise, Empfang von Fernsehsendern in der entsprechenden Fremdsprache über Satellit
4. Gezielter Aufbau von Kompetenzen, die im Ausland besonders gefragt sind: Grundlagen der Mitarbeiterführung, interkulturelle Kompetenz, Beschäftigung mit Landessitten
5. Abstimmung mit Ehepartner im Hinblick auf dessen Ziele: berufliche Perspektiven des Ehepartners im Ausland ausloten, alternative Betätigungsfelder identifizieren, Präferenzen des Ehepartners bei der Länderwahl, Familienplanung unter dem Aspekt des möglichen Auslandseinsatzes diskutieren
6. ______

Ihre Schritte zum Ziel

Karriereziel 3:

➔ Karriereziel „Input-Output-Verhältnis meiner Arbeitsleistung verbessern"

1. Besseres Zeitmanagement, Fokussierung auf die wirklich wichtigen Dinge
2. Klare Festlegung von Prioritäten
3. Nutzen eines Zeitmanagementtools
4. Aufbau eines informellen Kontaktnetzwerks und regelmäßige Pflege der Kontakte
5. Bewusste Belohnung bei erfolgreichen Arbeiten als Ansporn für weiteres Engagement
6. Schaffung einer angenehmeren Atmosphäre am Arbeitsplatz durch Pflanzen und zusätzlicher Ablageflächen in Schränken, um den Schreibtisch zu entlasten
7. ______
8. ______
9. ______
10. ______

Ihre Schritte zum Ziel

Nachwort

Über Ihre Anmerkungen, Anregungen oder auch Vorschläge im Hinblick auf dieses Self Assessment Test & und Trainingsprogramm freuen wir uns. Sie können entweder über den Verlag oder direkt unter www.karriereabc.de mit uns Kontakt aufnehmen.
Wir wünschen Ihnen für Ihre weitere berufliche und private Zukunft alles Gute und natürlich viel Erfolg!

Doris und Frank Brenner

Die Autoren

Doris Brenner ist freie Beraterin mit den Schwerpunkten Personalenwicklung und Karriereberatung. Die diplomierte Betriebswirtin mit Zusatzausbildung in den USA verfügt über Fach- und Führungserfahrung in Stabs- und Linienfunktionen der Wirtschaft. Als Karriereberaterin unterstützt sie in ihrer täglichen Arbeit Menschen dabei, ihre Kernkompetenzen zu erkennen, vorhandene Potenziale auszuschöpfen und ihre individuellen Karrierewege zu finden. Ferner ist sie in der Weiterqualifizierung von akademischen Beratern der Bundesagentur für Arbeit tätig. Doris Brenner ist Schülerin des führenden amerikanischen Life-/ Workplanning-Experten Richard Bolles und Gründungs- und Vorstandsmitglied der DGfK Deutsche Gesellschaft für Karriereberatung e. V. (www.dgfk.org). Sie hat zahlreiche Beiträge zu den Themenfeldern Personalauswahl und -entwicklung und Karriereplanung veröffentlicht und schreibt regelmäßig für die „Beruf und Chance“-Seite der Frankfurter Allgemeinen Zeitung. (www.karriereabc.de)

Frank Brenner, Dipl.-Verwaltungsbetriebswirt (FH) ist Sprecher eines Geschäftsbereichs in einem Unternehmen der Luftfahrtbranche und Autor zahlreicher Publikationen.

Literatur

Bolles, R. N. (2003)
Durchstarten zum Traumjob. 6., vollstängig überarbeitete, aktualisierte und erweiterte Auflage. Frankfurt: Campus.

Brenner, D. & Riedel, S. (2004)
100 clevere Tipps: Jobsuche. Baden-Baden: Humboldt.

Brenner, D. & Brenner, F. (2004)
100 clevere Tipps: Probezeit. Baden-Baden: Humboldt.

Förster, L. (2004)
Die besten Bewerbungsmuster Englisch. Freiburg i. Br.: Haufe.

Hossiep, R. & Paschen, M. (2003)
Das Bochumer Inventar zur berufsbezogenen Persönlichkeitsbeschreibung – BIP. 2., vollständig überarbeitete Auflage. Göttingen: Hogrefe.
Bezugsquelle des Bochumer Inventars zur berufsbezogenen Persönlichkeitsbeschreibung (BIP): Testzentrale Göttingen, Robert-Bosch-Breite 25, 37079 Göttingen, Tel. (0551) 50-688-0, Fax: (0551) 50-688-24.

Knoblauch, J. & Wöltje, H. (2003)
Zeitmanagement. Perfekt organisieren mit Zeitplaner und Handheld. Freiburg i. Br.: Haufe.

Küstenmacher, W. T. & Seiwert, L. J. (2004)
simplify your life. 11., überarbeitete und erweiterte Auflage. Frankfurt: Campus.

Rohrschneider, U. & Lorenz, M. (2004)
Die besten Bewerbungsmuster mit CD-ROM. Freiburg i. Br.: Haufe.

Rohrschneider, U. & Lorenz, M. (2004)
Die besten Bewerbungsmuster für Führungskräfte. Freiburg i. Br.: Haufe.